Freelance

Se Lancer en Indépendant sur les Plateformes Françaises

Alexandre Simon

Freelance

Se Lancer en Indépendant sur les Plateformes Françaises

Publié par
Alexandre Simon

ISBN
9798335968621

Droits d'auteur

Le contenu de ce livre est protégé par le droit d'auteur. Il est uniquement destiné à un usage personnel. Vous ne pouvez pas modifier, distribuer, vendre, utiliser, citer ou paraphraser une partie ou la totalité du contenu de ce livre sans le consentement de l'auteur ou de l'éditeur.

Tous droits de traduction, d'adaptation et de reproduction par tous procédés, réservés par tous pays. La loi du 11 mars 1957 n'autorisant, aux termes des alinéas 2 et 3 de l'article 41, d'une part, que les « copies ou reproductions strictement réservées à l'usage privé du copiste et non destinées à une utilisation collective », et d'autre part, que les analyses et les citations dans un but d'exemple et d'illustration, « toute représentation intégrale ou partielle, faite sans le consentement de l'auteur ou de ses ayants droit ou ayants cause est illicite » (alinéa 1er de l'article 40). Cette représentation ou reproduction, par quelque procédé que ce soit, constituerait donc une contrefaçon sanctionnée par les articles 425 et suivants du code pénal.

Avis de Non-Responsabilité :

En lisant ce document, le lecteur accepte que l'auteur ne soit en aucun cas responsable des pertes directes ou indirectes résultant de l'utilisation des informations contenues dans ce document, y compris, mais sans s'y limiter, les erreurs, omissions ou inexactitudes.

Copyright © Alexandre Simon – Tous droits réservés

TABLE DES MATIÈRES

Introduction...6
Déchiffrer l'Appel du Freelancing en France et Surmonter Vos Craintes Initiales.. 10
Identifier Vos Motivations Profondes pour Conquérir Votre Indépendance Professionnelle.............................. 10
Confronter et Dissiper les Mythes Tenaces et les Peurs Liés au Statut de Freelance en France...........................14
Évaluer Votre Préparation Actuelle et Définir Votre Vision Claire du Succès en Freelance...21
Analyser Vos Compétences Clés Transférables et Identifier Votre Niche de Marché Potentielle en France.21
Cartographier Votre Destination Finale : Fixer des Objectifs Précis pour une Carrière Freelance Épanouissante... 26

1. Établir Vos Fondations Stratégiques : Préparez Votre Lancement Freelance Imparable...33
1.1 Configurer Votre Cadre Légal et Administratif pour Démarrer Votre Activité Sereinement en France................ 39
1.1.1 Sélectionner le Statut Juridique Optimal et Conforme pour Votre Future Activité Freelance Française 39
1.1.2 Anticiper et Maîtriser les Obligations Fiscales et Sociales Indispensables du Freelance en France......... 44
1.2 Bâtir Votre Offre de Services Unique et Votre Argumentaire de Vente Percutant pour le Marché Français 51
1.2.1 Définir Votre Proposition de Valeur Clairement Distinctive pour Séduire les Clients Français.................51
1.2.2 Structurer Votre Grille Tarifaire Stratégiquement pour Valoriser Votre Expertise sur le Marché Français.. 56

2. Maximiser Votre Visibilité : Créez des Profils Irrésistibles sur les Plateformes Françaises Incontournables.................63
2.1 Maîtriser l'Architecture du Profil Gagnant : Concevoir Votre Vitrine Numérique Optimale sur les Plateformes........69
2.1.1 Rédiger une Description de Profil Magnétique et

Optimisée pour les Moteurs de Recherche des Plateformes Françaises.. 69

2.1.2 Sélectionner et Mettre en Scène un Portfolio Impactant qui Prouve Concrètement Votre Savoir-Faire Unique..75

2.2 Déployer des Stratégies d'Optimisation Ciblées pour les Plateformes Françaises Leaders (Malt, Codeur.com)......... 81

2.2.1 Décoder les Algorithmes et Appliquer les Bonnes Pratiques de Visibilité sur Malt et Crème de la Crème.. 81

2.2.2 Amplifier Votre Présence et Votre Attractivité sur Codeur.com, Redacteur.com, et Graphiste.com........... 87

3. Activer Votre Prospection : Attirez et Convertissez Vos Premiers Clients Qualifiés en France.................................... 93

3.1 Développer Votre Réseau Professionnel et Vos Méthodes de Prospection Proactive Efficaces.....................99

3.1.1 Activer Votre Réseau Existant et Tisser de Nouvelles Connexions Stratégiques sur le Territoire Français.. 99

3.1.2 Mettre en Place une Routine de Veille Concurrentielle et de Réponse Ciblée aux Appels d'Offres..105

3.2 Rédiger des Propositions Commerciales Convaincantes et Mener des Négociations Fructueuses...........................112

3.2.1 Élaborer une Proposition de Service Sur Mesure qui Adresse Précisément les Besoins du Client..........112

3.2.2 Assimiler les Techniques de Négociation Éprouvées pour Conclure des Contrats Freelance Avantageux... 117

4. Piloter Votre Excellence Opérationnelle : Délivrez des Prestations de Qualité et Fidélisez Votre Clientèle........... 123

4.1 Assurer une Gestion de Projet Impeccable et Instaurer une Communication Client Exemplaire...............................129

4.1.1 Mettre en Place des Outils et des Processus Fiables pour Gérer Vos Missions Freelance avec Efficacité.. 129

4.1.2 Cultiver et Entretenir une Relation de Confiance Solide et Durable avec Vos Clients...............................134

4.2 Transformer la Satisfaction Client en Puissant Levier de

Croissance : Obtenir Témoignages et Recommandations 141

    4.2.1 Solliciter et Recueillir des Avis Positifs Stratégiques et Détaillés sur les Plateformes................................... 141

    4.2.2 Stimuler le Bouche-à-Oreille Actif et les Recommandations Qualifiées pour Attirer de Nouveaux Projets..147

5. Assurer Votre Croissance Durable : Pérennisez et Développez Votre Activité Freelance Prospère.................. 154

  5.1 Analyser Vos Performances Clés et Ajuster Votre Stratégie pour une Expansion Continue et Maîtrisée........ 160

    5.1.1 Suivre Vos Indicateurs Clés de Performance (KPIs) Pertinents et Identifier les Axes d'Amélioration Prioritaires..160

    5.1.2 Adapter Votre Offre de Services et Votre Politique Tarifaire en Fonction de l'Évolution du Marché Français... 166

  5.2 Explorer les Voies de Diversification Stratégique et de Développement à Long Terme pour Votre Avenir de Freelance...172

    5.2.1 Envisager la Création de Nouvelles Prestations Complémentaires ou le Développement de Produits Numériques Rentables... 172

    5.2.2 Préparer Sereinement l'Évolution Future de Votre Activité : Sous-traitance, Création d'Agence, ou Transmission de Savoir... 178

Conclusion... 184
Remerciements..191

Introduction

Bienvenue dans cette aventure passionnante qu'est le freelancing en France ! Je suis ravi de vous accompagner dans ce voyage qui pourrait bien transformer votre vie professionnelle. Vous tenez entre vos mains bien plus qu'un simple livre – c'est une boussole personnalisée pour naviguer dans l'écosystème unique du freelancing français.

Mon parcours dans le monde du travail indépendant a commencé il y a plusieurs années, par une décision qui ressemblait probablement à celle que vous envisagez aujourd'hui. Face à mon écran, tasse de café à la main, j'ai pris conscience que je voulais plus d'autonomie, plus de liberté dans mes choix professionnels. Cette prise de conscience a été le premier pas vers une transformation complète de ma carrière.

Le marché du freelancing en France connaît actuellement une croissance sans précédent. De plus en plus de professionnels choisissent la voie de l'indépendance, propulsés par le désir d'une meilleure qualité de vie, d'une flexibilité accrue et d'un contrôle direct sur leurs projets. Ce n'est pas un hasard si vous vous intéressez à cette option maintenant – nous vivons une période particulièrement propice à l'entrepreneuriat individuel.

Les plateformes françaises de freelancing constituent un écosystème dynamique et en pleine expansion. Chacune possède ses particularités, son audience spécifique et ses opportunités uniques. Malt, Creemdelacreme.io, Freelance Informatique, Codeur.com – ces noms vous deviendront bientôt familiers. Ils représentent autant de portes d'entrée vers une carrière freelance réussie sur le marché français.

La richesse de notre écosystème national est justement ce qui le rend si unique. Contrairement à d'autres pays où quelques plateformes généralistes dominent le marché, la France a développé un réseau de plateformes spécialisées, adaptées à différents profils professionnels. Cette spécialisation offre une opportunité extraordinaire pour vous positionner stratégiquement selon votre expertise.

Quand j'ai commencé mon aventure freelance, j'ai rapidement compris que la maîtrise de ces plateformes françaises constituait un avantage compétitif majeur. J'ai passé des mois à explorer leurs mécanismes, à comprendre leurs algorithmes, à tester différentes approches. Cette expertise durement acquise, je vous la partage aujourd'hui pour accélérer considérablement votre propre parcours.

Vous vous demandez peut-être pourquoi vous devriez vous concentrer spécifiquement sur les plateformes françaises plutôt que sur les géants internationaux. La réponse est simple : la connaissance du marché local et la proximité culturelle constituent des atouts majeurs que les freelances étrangers ne peuvent pas facilement reproduire. Les entreprises françaises cherchent souvent des partenaires qui comprennent intimement leur contexte, leurs contraintes et leurs ambitions.

Mon expérience personnelle confirme cette réalité. Après avoir tenté ma chance sur plusieurs plateformes internationales, j'ai constaté que mon taux de conversion était nettement supérieur sur les plateformes françaises. Les clients valorisaient ma compréhension intuitive de leurs besoins, ma connaissance des spécificités du marché hexagonal et ma capacité à m'adapter rapidement à leur environnement de travail.

Le parcours qui vous attend comporte plusieurs dimensions essentielles. Nous explorerons ensemble comment choisir votre statut juridique, définir votre offre, créer des profils irrésistibles, attirer vos premiers clients et développer votre activité sur le long terme. Chaque étape a été soigneusement pensée pour vous conduire vers une autonomie professionnelle durable.

La liberté du freelance ne signifie pas absence de structure. Au contraire, réussir en tant qu'indépendant exige une méthode rigoureuse, une discipline personnelle et une vision stratégique claire. Je vous aiderai à mettre en place ces fondations solides sur lesquelles vous pourrez construire votre succès.

Un aspect fascinant du freelancing est la possibilité de façonner votre carrière selon vos valeurs et vos aspirations profondes. Contrairement au salariat traditionnel où les choix sont souvent limités par la politique d'entreprise, le freelance peut sélectionner ses projets, ses clients et ses méthodes de travail en parfaite cohérence avec sa philosophie personnelle.

J'ai accompagné des centaines de professionnels dans leur transition vers le freelancing. Certains cherchaient simplement un complément de revenu, d'autres aspiraient à une reconversion complète, d'autres encore rêvaient de travailler depuis n'importe quel coin du monde. Quelle que soit votre motivation, vous trouverez dans ces pages des stratégies adaptées à vos objectifs spécifiques.

Le chemin du freelance n'est pas toujours linéaire. Il comporte des hauts et des bas, des périodes d'abondance et des moments de doute. Cette réalité, je ne cherche pas à la masquer mais plutôt à vous y préparer. Ma plus grande satisfaction sera de vous voir traverser ces phases avec confiance, armé des outils et des connaissances nécessaires pour rebondir face aux défis.

Les plateformes françaises que nous explorerons ensemble ne sont pas de simples intermédiaires – elles constituent de véritables écosystèmes professionnels avec leurs codes, leurs communautés et leurs opportunités spécifiques. Maîtriser ces environnements vous permettra non seulement de trouver des missions mais aussi de construire votre réputation, d'étendre votre réseau et de vous positionner comme un expert reconnu dans votre domaine.

Chaque chapitre de ce livre vous rapprochera un peu plus de votre objectif : devenir un freelance épanoui et prospère sur le marché français. Nous commencerons par explorer vos motivations profondes et dissiper les mythes qui entourent souvent le statut d'indépendant. Nous évaluerons ensuite vos compétences actuelles pour identifier votre niche potentielle.

Les chapitres suivants vous guideront dans la création de votre structure juridique, la définition de votre offre et la construction de profils optimisés sur les plateformes françaises. Nous aborderons ensuite les stratégies de prospection efficaces, la gestion de vos missions et le développement de relations client durables. Enfin, nous explorerons les voies d'évolution à long terme pour votre activité freelance.

Ce livre est conçu comme un outil pratique que vous consulterez régulièrement tout au long de votre parcours. Les conseils que je partage ne sont pas des théories abstraites mais des stratégies concrètes, issues de mon expérience personnelle et de celle des nombreux freelances que j'ai accompagnés.

Prêt à plonger dans cette aventure ? Rappelez-vous que le succès en freelance ne se mesure pas uniquement en termes financiers. Il s'agit aussi de créer un mode de vie qui vous correspond, de développer des compétences variées et de construire des relations professionnelles enrichissantes. Ensemble, nous allons explorer comment atteindre ces multiples dimensions du succès.

Je vous invite maintenant à tourner la page et à commencer véritablement votre voyage vers l'indépendance professionnelle. Le chemin sera peut-être parsemé de défis, mais je vous promets qu'il sera également riche en satisfactions et en découvertes. Allons-y !

DÉCHIFFRER L'APPEL DU FREELANCING EN FRANCE ET SURMONTER VOS CRAINTES INITIALES

IDENTIFIER VOS MOTIVATIONS PROFONDES POUR CONQUÉRIR VOTRE INDÉPENDANCE PROFESSIONNELLE

Qu'est-ce qui vous pousse vraiment vers le freelancing ? Cette question mérite une réflexion approfondie avant de vous lancer. Ma propre quête d'indépendance a commencé par une introspection sincère qui a révélé mes véritables aspirations professionnelles.

La décision de devenir freelance représente bien plus qu'un simple changement de statut professionnel. Elle marque le début d'une transformation personnelle profonde qui touchera tous les aspects de votre vie. J'ai vécu cette métamorphose et accompagné des centaines de professionnels dans ce cheminement. La première étape cruciale consiste à clarifier vos motivations authentiques.

Les raisons qui nous poussent vers l'indépendance sont aussi diverses que personnelles. Certains recherchent une liberté d'organisation, d'autres une meilleure rémunération, d'autres encore l'opportunité de travailler sur des projets alignés avec leurs valeurs. Identifier vos motivations profondes vous servira de boussole dans les moments de doute et de fondation solide pour votre activité.

Prenez quelques instants pour vous connecter à vos aspirations véritables. Fermez les yeux et projetez-vous dans votre quotidien idéal en tant que freelance. Quels aspects vous font sourire ? La flexibilité horaire ? Le choix de vos clients ? L'absence de hiérarchie ? Cette visualisation révèle souvent nos motivations les plus authentiques.

Les catalyseurs qui nous poussent vers l'entrepreneuriat individuel s'articulent généralement autour de trois dimensions fondamentales :

- **Aspirations de liberté** : contrôle de votre emploi du temps, choix de votre lieu de travail, sélection de vos projets et clients
- **Ambitions financières** : potentiel de revenus plus élevés, absence de plafond salarial, valorisation directe de votre expertise
- **Quête d'épanouissement** : alignement avec vos valeurs, expression de votre créativité, développement continu de vos compétences

Un exercice que je propose systématiquement à mes mentorés consiste à classer ces motivations par ordre d'importance et à explorer leurs implications concrètes. Par exemple, si la liberté géographique figure en tête de liste, quelles plateformes françaises permettent le mieux de travailler à distance ? Si l'aspect financier prime, quelle stratégie de positionnement maximisera vos revenus ?

Les motivations profondes varient considérablement d'une personne à l'autre. Un développeur talentueux que j'accompagnais, Lucas, aspirait principalement à l'indépendance créative après des années à exécuter des cahiers des charges contraignants. Pour Marie, rédactrice web, la motivation première était de concilier vie professionnelle et maternité. Thomas, consultant marketing, cherchait avant tout à multiplier son impact en travaillant avec plusieurs entreprises simultanément.

Votre véritable "pourquoi" influencera considérablement vos choix stratégiques. Si l'équilibre vie personnelle-professionnelle constitue votre priorité absolue, vous structurerez différemment votre offre et votre organisation qu'un freelance motivé principalement par la maximisation de ses revenus. Cette clarté initiale vous évitera bien des erreurs d'orientation.

La motivation authentique se distingue du simple désir de changement par sa résonance émotionnelle profonde. Lorsque j'évoque mes raisons personnelles de devenir freelance avec mes clients, je ressens encore cette énergie particulière qui m'a propulsé vers l'action. Cette connexion émotionnelle vous servira de carburant dans les périodes de doute.

Un signe révélateur d'une motivation solide réside dans sa persistance face aux obstacles anticipés. Posez-vous cette question : "Si je devais affronter six mois difficiles avant de trouver mon rythme, abandonnerais-je ?" Votre réponse spontanée révèle la profondeur de votre engagement.

Les freelances qui réussissent durablement sur le marché français présentent généralement des motivations multidimensionnelles. Au-delà des avantages immédiats comme la flexibilité, ils sont animés par des aspirations plus profondes : impact sociétal, excellence dans leur domaine, construction d'un patrimoine, transmission de compétences.

Parfois, nos motivations s'enracinent dans des expériences négatives du salariat : management toxique, manque de reconnaissance, plafond de verre, bureaucratie étouffante. Ces frustrations peuvent certainement catalyser le changement, mais attention à ne pas construire votre projet freelance uniquement sur le rejet du modèle précédent. L'indépendance exige une vision affirmative.

La méthode des "cinq pourquoi" s'avère particulièrement efficace pour explorer vos motivations profondes. Commencez par noter votre raison principale de devenir freelance. Puis demandez-vous "pourquoi est-ce important pour moi ?" Répétez ce questionnement cinq fois pour atteindre le cœur de votre motivation.

Les aspirations financières constituent souvent une motivation importante mais rarement suffisante. J'ai rencontré plusieurs professionnels attirés initialement par les revenus potentiellement élevés du freelancing, mais qui ont abandonné face aux défis inhérents à ce mode de travail. La rémunération ne compense pas toujours l'incertitude et la solitude.

Une analyse honnête de vos motivations vous permettra d'anticiper les défis spécifiques de votre parcours. Si l'autonomie totale figure parmi vos priorités absolues, vous devrez développer une autodiscipline rigoureuse. Si l'aspect relationnel vous importe particulièrement, vous devrez construire activement votre réseau professionnel.

Les plateformes françaises de freelancing offrent des opportunités diverses qui peuvent répondre à différentes motivations. Malt attire généralement des freelances cherchant des missions valorisant leur expertise pointue. Codeur.com convient davantage aux profils techniques souhaitant multiplier les projets. Crème de la Crème séduit les talents désireux de collaborer avec des entreprises prestigieuses.

Votre vision du succès dépend intimement de vos motivations initiales. Pour certains, réussir signifie générer un revenu stable tout en travaillant moins d'heures. Pour d'autres, c'est bâtir une réputation d'excellence dans leur domaine. Ces définitions personnelles orienteront vos décisions quotidiennes.

La clarté de vos motivations vous aidera également à communiquer efficacement votre valeur auprès des clients potentiels. Un freelance passionné par l'impact social de son travail saura naturellement convaincre des organisations partageant ces valeurs. Cette authenticité transparaît dans chaque interaction et renforce votre attractivité.

La motivation la plus puissante combine souvent plusieurs dimensions : professionnelle, personnelle et existentielle. Elle répond simultanément à vos besoins matériels, émotionnels et d'accomplissement. Cette synergie crée une énergie remarquable qui transparaît dans votre travail et attire naturellement les opportunités.

Périodiquement, prenez le temps de revisiter et d'affiner vos motivations. Comme tout élément vivant, elles évoluent avec votre parcours. Tel un jardinier attentif, cultivez celles qui vous nourrissent véritablement et laissez s'étioler celles qui ne résonnent plus avec votre cheminement.

Les motivations profondes constituent le socle de votre résilience face aux inévitables difficultés du parcours freelance. Lorsque vous traverserez des périodes de doute ou d'incertitude, reconnectez-vous à ces aspirations fondamentales qui vous ont mis en mouvement initialement. Cette pratique régulière renforcera votre détermination.

Votre voyage vers l'indépendance professionnelle commence véritablement par cette exploration intérieure sincère. Les fondations solides d'une carrière freelance épanouissante reposent sur cette connaissance intime de vos véritables aspirations. Prenez le temps nécessaire pour cette étape cruciale avant de vous lancer dans les aspects plus techniques de votre aventure.

Confronter et Dissiper les Mythes Tenaces et les Peurs Liés au Statut de Freelance en France

Le cerveau humain est programmé pour la prudence. Face à l'inconnu du freelancing, votre esprit s'active probablement à imaginer tous les scénarios catastrophes possibles. J'ai traversé ces mêmes moments d'hésitation, oscillant entre l'excitation et la peur paralysante.

Les mythes entourant le freelancing en France sont particulièrement tenaces. Ils circulent dans les conversations entre amis, les forums en ligne, parfois même au sein des écoles de commerce. Ces idées reçues s'enracinent profondément dans notre inconscient collectif et peuvent bloquer votre élan vers l'indépendance professionnelle.

Ma première cliente freelance m'a contacté un lundi matin alors que je quittais tout juste mon emploi salarié. Je me souviens encore de cette sensation de vertige : "Et si je n'étais pas à la hauteur ? Et si je ne trouvais plus jamais d'autre client après elle ?" Ces questionnements illustrent parfaitement les peurs irrationnelles qui nous assaillent au début du parcours.

Déconstruire ces mythes constitue une étape fondamentale avant de vous lancer. Non pas pour vous rassurer artificiellement, mais pour vous permettre de prendre des décisions éclairées, basées sur des faits plutôt que sur des croyances limitantes. Examinons ensemble les plus répandues de ces idées reçues.

Le mythe le plus persistant concerne certainement l'instabilité financière supposée du freelancing. "Tu ne mangeras que des pâtes" m'avait prédit un ancien collègue. La réalité s'avère bien plus nuancée. Le marché français offre de nombreuses opportunités aux indépendants qualifiés, particulièrement sur des plateformes comme Malt ou Codeur.com où la demande reste forte.

Les statistiques montrent qu'après une période initiale de 6 à 12 mois, de nombreux freelances français atteignent ou dépassent leur ancien salaire. J'ai personnellement constaté une augmentation de mes revenus dès la deuxième année, une fois mon positionnement affiné et mon réseau consolidé sur le marché hexagonal.

Regardons maintenant les principaux mythes qui pourraient freiner votre élan vers l'indépendance professionnelle :

- **"Le freelancing, c'est l'insécurité permanente"** : Cette crainte ignore la possibilité de construire un portefeuille diversifié de clients réguliers et de développer des revenus récurrents via des contrats de maintenance ou d'accompagnement mensuel

- **"Les plateformes françaises sont saturées"** : Contrairement aux idées reçues, de nouvelles opportunités émergent constamment, notamment dans les secteurs en transformation numérique comme la santé, l'éducation ou l'industrie
- **"Je dois être expert dans mon domaine pour me lancer"** : De nombreux clients recherchent des profils intermédiaires proposant un excellent rapport qualité-prix plutôt que des experts aux tarifs élevés
- **"Les démarches administratives sont insurmontables"** : Les statuts comme l'auto-entrepreneuriat ont considérablement simplifié les obligations administratives du freelance en France

L'isolement social représente une autre inquiétude majeure pour les aspirants freelances. Après avoir quitté l'environnement de bureau traditionnel, certains craignent de se retrouver coupés du monde professionnel. Cette préoccupation légitime peut être facilement surmontée grâce à des solutions concrètes.

Les espaces de coworking se multiplient dans toutes les villes françaises, offrant des environnements de travail stimulants et des opportunités de networking. Les communautés en ligne spécifiques à votre domaine d'expertise constituent également des ressources précieuses pour maintenir des connexions professionnelles vivantes.

Une question qui revient souvent dans mes séances de coaching concerne la peur de ne pas trouver suffisamment de clients. Cette inquiétude reflète souvent un manque de confiance dans la valeur de ses compétences. Pourtant, le marché français du freelancing continue de croître, porté par la transformation numérique des entreprises.

La multiplicité des plateformes françaises offre justement plusieurs portes d'entrée adaptées à différents profils professionnels. Certaines privilégient l'excellence technique (Codeur.com), d'autres le conseil stratégique (Crème de la Crème), d'autres encore la polyvalence (Malt). Cette diversité augmente considérablement vos chances de trouver votre place.

La crainte de l'irrégularité des revenus se manifeste également chez de nombreux aspirants indépendants. "Comment vais-je payer mon loyer si je n'ai pas de missions pendant deux mois ?" Voilà une question parfaitement légitime qui mérite une réponse structurée.

Stratégies efficaces pour gérer cette variabilité financière :

- **Construction d'un fonds de sécurité** : Idéalement équivalent à 3-6 mois de dépenses fixes, ce coussin financier vous permet d'aborder vos débuts avec sérénité
- **Diversification des sources de revenus** : Combinez projets ponctuels et contrats récurrents pour stabiliser vos flux de trésorerie
- **Planification financière adaptée** : Anticipez les périodes creuses récurrentes (été, fin d'année) en constituant des réserves lors des mois plus fastes
- **Exploration de la pluriactivité** : Certains freelances conservent un emploi à temps partiel pendant leur transition vers l'indépendance complète

Une autre peur fréquente concerne la capacité à gérer simultanément l'aspect technique du métier et sa dimension commerciale. "Je suis développeur, pas commercial !" me confiait un client inquiet. Cette double compétence peut effectivement sembler intimidante au premier abord.

Les plateformes françaises de freelancing résolvent partiellement ce dilemme en vous mettant en relation avec des clients potentiels déjà intéressés par vos services. Elles simplifient considérablement la partie prospection, vous permettant de vous concentrer davantage sur votre cœur de métier.

La solitude décisionnelle représente un autre défi psychologique significatif. Habitués à valider nos choix auprès de collègues ou supérieurs, nous pouvons nous sentir désorientés face à la multitude de décisions à prendre seuls en tant que freelances. Cette autonomie forcée peut générer stress et doutes.

J'ai personnellement surmonté cette difficulté en constituant un cercle de confiance composé d'autres indépendants avec qui échanger régulièrement. Ces conversations informelles m'ont permis de confronter mes idées et d'affiner mes choix stratégiques tout en préservant mon autonomie décisionnelle.

La peur de ne pas savoir se vendre efficacement fait également partie des freins psychologiques majeurs. De nombreux professionnels talentueux peinent à articuler clairement leur proposition de valeur ou à négocier des tarifs à la hauteur de leurs compétences.

La culture française, parfois réticente à l'auto-promotion, peut renforcer ce blocage. J'ai observé ce phénomène chez plusieurs freelances brillants qui sous-estimaient systématiquement leur valeur sur le marché. Un travail spécifique sur votre discours commercial s'avère souvent nécessaire pour dépasser cette limite culturelle.

Le syndrome de l'imposteur, cette impression persistante de ne pas mériter son succès, touche particulièrement les freelances en début de parcours. "Mes clients vont forcément découvrir que je ne suis pas aussi compétent qu'ils le pensent..." Cette pensée toxique peut saboter votre confiance et votre performance.

Ce sentiment s'est manifesté intensément lors de ma première mission d'envergure pour une entreprise du CAC 40. Malgré mon expertise avérée, je me suis surpris à douter de ma légitimité. La tenue d'un journal des réussites, documentant mes succès et les retours positifs de clients, m'a aidé à objectiver ma valeur professionnelle.

Les craintes liées à la protection sociale constituent une préoccupation légitime dans le contexte français. Notre système est historiquement construit autour du salariat, ce qui peut donner l'impression que les indépendants sont moins bien couverts. Cette perception mérite d'être nuancée.

Le régime social des indépendants a considérablement évolué ces dernières années, avec une intégration progressive au régime général. Les freelances bénéficient aujourd'hui d'une couverture sociale complète, incluant maladie, maternité/paternité et retraite. Des complémentaires spécifiques permettent également d'optimiser cette protection.

Un mythe particulièrement tenace concerne l'impossibilité supposée d'obtenir un crédit immobilier en tant que freelance. Cette croyance décourage de nombreux professionnels d'envisager l'indépendance par peur de compromettre leurs projets personnels.

La réalité bancaire actuelle s'avère plus favorable qu'on ne le pense. Après deux à trois ans d'activité stable, les freelances peuvent tout à fait accéder au crédit immobilier, certaines banques s'étant même spécialisées dans l'accompagnement des travailleurs indépendants. J'ai personnellement financé ma résidence principale après seulement deux années complètes en freelance.

La peur de l'échec représente probablement le blocage psychologique le plus profond. L'idée que notre tentative puisse ne pas fonctionner et nous contraindre à "revenir en arrière" vers le salariat est perçue comme un échec personnel humiliant.

Cette vision binaire ignore la richesse d'apprentissage que constitue l'aventure entrepreneuriale, quelle que soit son issue. Les compétences développées en freelance (autonomie, polyvalence, sens commercial) sont extrêmement valorisées sur le marché du travail traditionnel. Votre employabilité sera renforcée, pas diminuée, par cette expérience.

Le parcours vers l'indépendance professionnelle ressemble davantage à une exploration qu'à un saut dans le vide. Vous pouvez tester progressivement votre activité freelance, en parallèle d'un emploi à temps partiel par exemple, avant de vous engager pleinement.

Les plateformes françaises offrent justement cette possibilité d'entrée graduelle dans l'écosystème freelance. Elles vous permettent de valider votre positionnement, d'affiner votre offre et de développer vos premiers réflexes commerciaux dans un cadre relativement sécurisé.

Cette approche progressive du freelancing diminue considérablement le niveau de risque perçu. Elle vous permet d'avancer pas à pas, en validant chaque étape avant de passer à la suivante. La confiance se construit sur ces petites victoires successives qui dissolvent progressivement vos peurs initiales.

Évaluer Votre Préparation Actuelle et Définir Votre Vision Claire du Succès en Freelance

Analyser Vos Compétences Clés Transférables et Identifier Votre Niche de Marché Potentielle en France

Le moment est venu de plonger dans l'inventaire de votre boîte à outils professionnelle. La transition vers le freelancing réussie commence par une introspection lucide et méthodique. J'ai accompagné des centaines de professionnels dans cet exercice crucial qui détermine souvent la trajectoire entière de leur parcours indépendant.

Votre parcours professionnel jusqu'à présent a façonné un ensemble unique de compétences, d'expériences et de connaissances. Ce patrimoine représente votre capital initial pour votre activité freelance. La particularité du marché français exige une analyse fine de ce capital pour déterminer comment le positionner efficacement.

L'évaluation de vos compétences exige une approche structurée et sans complaisance. Je vous invite à prendre une feuille blanche et à dresser trois colonnes distinctes pour catégoriser vos atouts professionnels :

- **Compétences techniques** : savoir-faire concrets et mesurables (programmation Java, rédaction SEO, design d'interface, montage vidéo, gestion de projet agile)
- **Compétences transversales** : aptitudes applicables dans divers contextes (communication, négociation, organisation, analyse de données, résolution de problèmes)

- **Connaissances sectorielles** : expertise spécifique à certaines industries (finance, santé, éducation, tourisme, luxe)

Une erreur fréquente consiste à sous-estimer la valeur de certaines compétences qui vous semblent banales mais qui peuvent s'avérer précieuses sur le marché freelance français. Lors d'un atelier que j'animais, Sophie, ancienne responsable marketing dans l'industrie pharmaceutique, ne valorisait pas sa compréhension approfondie des réglementations ANSM jusqu'à ce que nous découvrions le potentiel de cette expertise pour des missions de conformité réglementaire.

Pour chaque compétence identifiée, posez-vous les questions suivantes : "Quel niveau de maîtrise ai-je atteint ? Comment puis-je le démontrer concrètement ? Cette compétence génère-t-elle de la valeur pour des clients potentiels ?" Cette évaluation objective vous aidera à distinguer vos véritables points forts des domaines nécessitant un développement supplémentaire.

Votre expérience professionnelle antérieure recèle souvent des trésors cachés. Réfléchissez aux projets que vous avez menés avec succès, aux crises que vous avez surmontées, aux innovations que vous avez introduites. Ces réalisations concrètes constituent des preuves tangibles de votre capacité à créer de la valeur, argument essentiel pour convaincre vos futurs clients français.

Le marché freelance hexagonal présente des caractéristiques distinctives qu'il convient d'appréhender pour identifier votre niche potentielle. Contrairement au marché anglo-saxon souvent dominé par la recherche du prix le plus bas, le marché français valorise particulièrement l'expertise spécialisée, la proximité culturelle et la capacité à comprendre les enjeux locaux.

Les plateformes françaises reflètent cette spécificité culturelle. Malt privilégie les profils experts capables de démontrer une valeur ajoutée significative. Codeur.com attire des clients cherchant un équilibre entre expertise technique et compréhension des besoins métier. Crème de la Crème sélectionne rigoureusement des talents pour des missions à forte valeur ajoutée auprès d'entreprises prestigieuses.

L'identification de votre niche constitue l'un des choix stratégiques les plus déterminants pour votre réussite. Une niche trop large vous expose à une concurrence féroce tandis qu'une niche trop étroite limite vos opportunités. Le sweet spot se situe généralement à l'intersection de ces trois dimensions fondamentales :

- **Vos compétences distinctives** : ce que vous savez faire exceptionnellement bien
- **Votre passion authentique** : ce qui vous motive intrinsèquement et durablement
- **Les besoins du marché français** : ce pour quoi des clients sont prêts à payer

J'ai constaté qu'une erreur commune chez les débutants consiste à définir leur niche uniquement en fonction de leurs compétences, négligeant la dimension cruciale de la demande du marché. Marc, développeur talentueux, s'était spécialisé dans une technologie de niche avant de réaliser qu'elle suscitait peu d'intérêt en France, l'obligeant à pivoter vers une spécialisation plus demandée localement.

Les tendances actuelles du marché freelance français révèlent plusieurs secteurs particulièrement dynamiques : la transformation numérique des PME, la cybersécurité, l'expérience utilisateur, le marketing de contenu spécialisé, la data science appliquée aux métiers traditionnels, l'accompagnement RSE ou encore la formation professionnelle digitalisée. Ces domaines offrent de nombreuses opportunités pour les freelances capables d'apporter une expertise ciblée.

Pour valider l'existence d'une demande pour votre niche potentielle, adoptez une approche méthodique. Commencez par explorer les projets postés sur les plateformes françaises qui correspondent à vos compétences. Analysez les termes de recherche utilisés, la récurrence des demandes similaires et les budgets proposés. Ces indicateurs vous fourniront de précieux insights sur la viabilité de votre positionnement.

Une stratégie efficace consiste à examiner les profils de freelances établis dans votre domaine cible. Notez comment ils se présentent, quels aspects de leur expertise ils mettent en avant et comment ils structurent leur offre. Cette veille concurrentielle vous aidera à identifier les espaces disponibles pour vous différencier tout en confirmant l'existence d'un marché.

Prenez conscience que la niche parfaite à l'intersection de vos compétences, passions et opportunités de marché ne se révèle parfois qu'après plusieurs itérations. Lorsque j'ai débuté mon activité freelance, ma proposition initiale était trop générique. C'est en observant attentivement les retours de mes premiers clients et en affinant progressivement mon offre que j'ai trouvé mon positionnement optimal.

La spécificité culturelle française influence également la définition de votre niche. Les entreprises hexagonales accordent souvent une importance particulière à la maîtrise parfaite de la langue, à la compréhension des codes sociaux professionnels et à la connaissance des enjeux réglementaires locaux. Ces éléments peuvent constituer des avantages compétitifs significatifs dans votre positionnement.

Votre parcours antérieur peut receler des combinaisons de compétences uniques qui créent naturellement une niche distinctive. Lucie, ancienne juriste reconvertie au marketing digital, a bâti une offre très recherchée autour de la conformité RGPD dans les stratégies marketing. Cette hybridation de compétences lui a permis de se démarquer sur un marché français particulièrement sensible aux questions réglementaires.

Pour structurer votre réflexion sur votre positionnement potentiel, je vous propose cet exercice pratique en quatre étapes :

1. Listez vos 3-5 compétences les plus développées et valorisables
2. Identifiez 2-3 secteurs d'activité que vous connaissez particulièrement bien
3. Recherchez sur les plateformes françaises les demandes correspondant à ces compétences et secteurs
4. Formulez 2-3 propositions de niche potentielles en précisant la problématique client que vous résolvez

La validation de votre niche passe également par des conversations directes avec votre marché cible. N'hésitez pas à solliciter des entretiens informels avec des professionnels du secteur visé pour comprendre leurs défis quotidiens et vérifier l'adéquation entre vos compétences et leurs besoins réels.

L'équilibre optimal entre spécialisation et adaptabilité représente un défi majeur. Une niche trop étroite peut limiter vos opportunités, tandis qu'un positionnement trop large dilue votre proposition de valeur. La solution réside souvent dans une approche progressive : démarrez avec une spécialisation claire puis élargissez progressivement votre offre à mesure que votre réputation se construit.

Votre analyse de compétences peut révéler des lacunes qu'il serait judicieux de combler pour renforcer votre positionnement. L'investissement dans une formation complémentaire ou une certification reconnue peut significativement valoriser votre profil sur le marché français, particulièrement sensible aux qualifications formelles.

La définition de votre niche n'est pas un exercice théorique mais le fondement même de votre future prospection commerciale. Un positionnement clair vous permettra de créer des messages marketing percutants, d'optimiser votre visibilité sur les plateformes spécialisées et de justifier votre tarification. Cette clarté stratégique constituera un avantage déterminant dans vos futures interactions avec les clients potentiels.

Le temps investi dans cette analyse approfondie de vos compétences et dans l'identification de votre niche optimale n'est jamais perdu. Cette réflexion structurée pose les fondations solides sur lesquelles vous construirez progressivement votre réputation d'expert et votre portefeuille de clients fidèles sur le marché français du freelancing.

CARTOGRAPHIER VOTRE DESTINATION FINALE : FIXER DES OBJECTIFS PRÉCIS POUR UNE CARRIÈRE FREELANCE ÉPANOUISSANTE

Un navire sans destination précise navigue au gré des vents, sans jamais véritablement atteindre un port satisfaisant. Cette métaphore maritime illustre parfaitement la situation de nombreux freelances qui se lancent avec enthousiasme mais sans vision claire de leur destination professionnelle. J'ai rencontré ce défi lors de mes débuts, errant plusieurs mois entre différentes opportunités sans direction cohérente.

La définition d'objectifs précis constitue la boussole indispensable de votre voyage freelance. Elle transforme une simple activité professionnelle en un parcours intentionnel vers l'épanouissement. Cette étape stratégique, souvent négligée dans l'excitation du démarrage, détermine pourtant la trajectoire entière de votre carrière indépendante.

Lors d'un atelier que j'animais récemment pour des freelances débutants, Thomas, développeur web talentueux, partageait sa frustration : "J'enchaîne les missions techniques sans vraiment savoir où je vais." Cette situation m'était familière. Sans vision précise, nous risquons de devenir de simples exécutants techniques, réactifs plutôt que proactifs dans la construction de notre parcours.

L'écosystème freelance français offre une richesse d'opportunités qui peut paradoxalement devenir source de confusion. Plateformes spécialisées, réseaux professionnels, marchés de niche, possibilités de collaboration... Cette abondance de choix nécessite un filtrage stratégique guidé par vos objectifs personnels clairement définis.

Votre destination freelance s'articule idéalement autour de trois dimensions fondamentales que je vous invite à explorer en profondeur :

- **Objectifs professionnels** : type de projets visés, expertise à développer, niveau d'excellence recherché, positionnement sectoriel
- **Objectifs financiers** : revenu mensuel cible, progression tarifaire planifiée, diversification des sources de revenus, sécurisation financière
- **Objectifs personnels** : équilibre vie professionnelle/personnelle, localisation géographique, rythme de travail, satisfaction intrinsèque

La planification stratégique de votre carrière freelance exige une vision à court, moyen et long terme. Cette projection dans le temps vous permettra d'anticiper les étapes clés de votre développement professionnel et d'éviter les décisions opportunistes qui pourraient vous éloigner de vos aspirations profondes.

Commençons par structurer vos objectifs professionnels spécifiques. Quelle empreinte souhaitez-vous laisser dans votre domaine d'expertise ? Posez-vous ces questions fondamentales :

1. Quel type de projets vous passionnerait au point de vous lever chaque matin avec enthousiasme ?

2. Dans quelle niche spécifique aspirez-vous à devenir une référence reconnue ?
3. Avec quels types de clients ou d'organisations rêvez-vous de collaborer ?
4. Quelles compétences distinctives souhaitez-vous maîtriser parfaitement d'ici trois ans ?

Ma cliente Julie, graphiste, a transformé sa pratique en définissant clairement son objectif professionnel : devenir la spécialiste de l'identité visuelle pour entreprises engagées dans la transition écologique. Cette vision précise a orienté ses choix de formation, sa communication et la sélection de ses clients, créant une cohérence remarquable dans son parcours.

La dimension financière constitue un pilier essentiel de votre épanouissement en freelance. Sans objectifs monétaires précis, vous risquez de tomber dans le piège du "juste assez" ou de l'acceptation systématique de missions sous-rémunérées. J'ai traversé cette phase pendant mes premiers mois, avant de comprendre l'importance d'une stratégie financière structurée.

Pour définir vos objectifs financiers pertinents, je vous recommande cette approche en trois temps :

- **Calculer votre revenu minimal vital** : additionnez toutes vos charges fixes mensuelles personnelles et professionnelles, puis ajoutez une marge de sécurité de 20%
- **Déterminer votre revenu cible optimal** : identifiez le niveau de revenu qui vous permettrait de vivre confortablement tout en investissant dans votre développement
- **Projeter votre ambition financière à long terme** : visualisez votre situation financière idéale dans 3-5 ans, incluant épargne, investissements et diversification des revenus

La traduction de ces objectifs financiers en stratégie concrète nécessite une réflexion sur votre taux journalier, le nombre de jours facturables par mois, et l'évolution progressive de ces paramètres. Contrairement au salariat, le freelancing vous offre un levier direct sur ces variables, vous permettant d'ajuster votre trajectoire financière avec agilité.

Les plateformes françaises de freelancing présentent des opportunités tarifaires variées. Malt attire généralement des missions mieux rémunérées que Codeur.com, mais avec des exigences différentes. Cette connaissance du marché vous permettra d'orienter stratégiquement votre présence en fonction de vos objectifs financiers spécifiques.

L'équilibre entre vie professionnelle et personnelle constitue souvent une motivation majeure pour embrasser le freelancing. Paradoxalement, sans objectifs précis dans ce domaine, de nombreux indépendants finissent par travailler davantage qu'en tant que salariés, sacrifiant cette quête d'équilibre sur l'autel de la réussite professionnelle.

Définissez concrètement vos aspirations personnelles liées au freelancing :

- **Organisation temporelle idéale** : jours et horaires de travail préférentiels, périodes de congés, répartition entre temps professionnel et personnel
- **Cadre de travail optimal** : lieu(x) d'exercice, environnement physique, équipements, niveau de mobilité souhaité
- **Impact sur votre qualité de vie** : activités personnelles à préserver, relations à cultiver, santé physique et mentale à maintenir

Mon expérience m'a enseigné l'importance de formaliser ces objectifs personnels avec la même rigueur que les objectifs professionnels ou financiers. J'ai commis l'erreur classique de sacrifier progressivement ces aspects sur l'autel de la croissance de mon activité, avant de prendre conscience de leur caractère non négociable pour mon épanouissement.

La puissance d'un objectif réside dans sa formulation précise et mesurable. J'ai remarqué une différence fondamentale entre les freelances qui "souhaitent gagner bien leur vie" et ceux qui se fixent un objectif de "générer 5000€ de revenus mensuels d'ici décembre en développant trois offres de service complémentaires". La précision crée l'action.

La méthode SMART reste particulièrement pertinente pour formuler vos objectifs freelance :

- **Spécifique** : décrivez précisément le résultat visé, évitez les formulations vagues
- **Mesurable** : associez des indicateurs quantitatifs ou qualitatifs permettant d'évaluer votre progression
- **Atteignable** : fixez des défis stimulants mais réalistes compte tenu de votre point de départ
- **Relevant** : assurez-vous que l'objectif s'aligne avec vos motivations profondes et votre contexte
- **Temporel** : définissez une échéance claire pour maintenir votre focus et votre dynamique

Cette approche structurée transforme des aspirations floues en feuille de route concrète. Elle vous permet de décomposer votre vision en jalons intermédiaires, facilitant le suivi de votre progression et les ajustements nécessaires en cours de route.

L'alignement entre vos différents types d'objectifs représente un défi subtil mais crucial. Des objectifs financiers ambitieux peuvent entrer en conflit avec votre recherche d'équilibre personnel. Des aspirations professionnelles pointues peuvent limiter votre potentiel de revenus à court terme. Ces tensions exigent des arbitrages conscients reflétant vos véritables priorités.

La visualisation détaillée de votre succès futur constitue un exercice puissant pour clarifier vos objectifs. Prenez quelques instants pour vous projeter dans trois ans. Comment se déroule votre journée typique ? Quels types de projets occupent votre temps ? Quel niveau de reconnaissance avez-vous atteint ? Ces images mentales révèlent souvent des aspirations que votre esprit conscient n'avait pas encore formulées.

Jean-Marc, consultant informatique que j'accompagnais, a vécu une véritable révélation lors de cet exercice. Il s'est visualisé formant d'autres professionnels plutôt que réalisant lui-même des missions techniques. Cette prise de conscience a réorienté complètement sa stratégie, l'amenant à développer une offre de formation qui représente aujourd'hui 70% de ses revenus.

Le partage de vos objectifs avec votre entourage professionnel et personnel contribue significativement à leur concrétisation. Cette extériorisation renforce votre engagement et vous donne accès à des ressources, connexions et opportunités alignées avec vos aspirations. Les plateformes françaises de freelancing et les communautés professionnelles constituent des espaces privilégiés pour ce partage stratégique.

Les objectifs évoluent naturellement avec votre parcours et votre compréhension approfondie du marché. Le freelancing offre justement cette flexibilité d'ajuster votre cap en fonction des apprentissages réalisés. Je revois personnellement mes objectifs tous les trimestres, évaluant leur pertinence face à l'évolution du marché français et de mes aspirations personnelles.

Une technique efficace pour matérialiser vos objectifs consiste à créer un tableau de bord visuel regroupant vos indicateurs clés. Ce document synthétique, consulté régulièrement, maintient votre focus sur l'essentiel dans le tourbillon quotidien du freelancing. J'ai accompagné de nombreux indépendants dans la création de ces outils personnalisés qui transforment littéralement leur relation au temps et aux opportunités.

L'identification d'un mentor ou d'un groupe de pairs partageant des objectifs similaires peut considérablement accélérer votre progression. Ces relations professionnelles vous offrent perspective, retours d'expérience et responsabilisation. Dans l'écosystème freelance français, plusieurs communautés formelles et informelles facilitent ces connexions précieuses.

Le marché français présente des spécificités culturelles qui influenceront la réalisation de vos objectifs. La valorisation de l'expertise technique, l'importance des relations interpersonnelles, les cycles économiques saisonniers ou encore les pratiques contractuelles dominantes constituent autant de paramètres à intégrer dans votre planification stratégique.

La définition d'objectifs clairs agit comme un filtre décisionnel puissant dans votre quotidien d'indépendant. Face à chaque nouvelle opportunité, posez-vous simplement cette question : "Cette mission me rapproche-t-elle de mes objectifs prioritaires ou m'en éloigne-t-elle ?" Cette clarté décisionnelle représente l'un des superpouvoir du freelance stratégique.

Sophie, rédactrice web débutante, illustre parfaitement l'impact de cette approche. En définissant précisément son objectif de spécialisation dans le contenu technique pour startups, elle a pu décliner sereinement des opportunités dans d'autres secteurs malgré leurs tarifs attractifs. Cette discipline lui a permis de construire rapidement une expertise reconnue dans sa niche cible.

La cartographie précise de votre destination freelance transforme une aventure potentiellement chaotique en voyage intentionnel vers l'épanouissement professionnel. Cette vision claire stimule votre motivation quotidienne, guide vos décisions stratégiques et vous permet d'évaluer objectivement votre progression. Elle constitue véritablement la pierre angulaire sur laquelle vous bâtirez votre succès durable sur les plateformes françaises.

1. Établir Vos Fondations Stratégiques : Préparez Votre Lancement Freelance Imparable

La construction d'une maison solide commence toujours par des fondations inébranlables. Cette vérité architecturale s'applique parfaitement au lancement de votre activité freelance sur le marché français. J'ai observé au fil des années que les indépendants qui réussissent durablement ne sont pas nécessairement les plus talentueux techniquement, mais invariablement ceux qui ont consacré du temps à établir des bases stratégiques robustes.

L'écosystème freelance français présente des particularités que vous devez impérativement maîtriser avant de vous lancer. Ma propre expérience m'a enseigné cette leçon de manière parfois douloureuse. Lors de mes débuts, j'ai négligé certains aspects fondamentaux, me concentrant exclusivement sur la recherche de clients. Cette approche déséquilibrée m'a valu plusieurs mois de confusion, de stress administratif et d'incertitude financière que vous pouvez facilement éviter.

Le cadre légal français offre plusieurs options pour exercer en tant qu'indépendant, chacune avec ses avantages et contraintes spécifiques. Le statut d'auto-entrepreneur, la micro-entreprise, l'EIRL, la SASU ou l'EURL représentent autant de structures juridiques possibles pour votre activité. Ce choix initial influencera votre fiscalité, votre protection sociale et vos possibilités d'évolution, méritant une analyse approfondie de votre situation personnelle.

Les aspects administratifs constituent souvent la première source d'anxiété chez les aspirants freelances. "Comment vais-je gérer toute cette paperasse ?" Cette question revient systématiquement lors de mes sessions de coaching. Rassurez-vous, les procédures se sont considérablement simplifiées ces dernières années, notamment pour les statuts simplifiés comme l'auto-entrepreneuriat. Des plateformes comme l'URSSAF ou les CFE (Centres de Formalités des Entreprises) proposent désormais des parcours utilisateurs intuitifs pour vous accompagner.

Votre identité commerciale représente un autre pilier fondamental de votre réussite future. Elle transcende largement le simple logo ou la carte de visite. Elle englobe votre positionnement global, votre promesse client et les valeurs que vous incarnez sur le marché français. Cette identité doit refléter authentiquement qui vous êtes tout en résonnant avec les attentes de vos clients potentiels.

La définition précise de votre offre de services constitue sans doute l'élément stratégique le plus déterminant pour votre succès. Une erreur fréquente consiste à proposer un catalogue trop vaste pour "ne rien manquer". Cette approche dilue votre expertise perçue et complique votre communication. Je recommande systématiquement de commencer par une offre ciblée, quitte à l'élargir progressivement avec l'expérience.

Structurer une proposition de valeur distincte vous démarquera sur un marché français de plus en plus concurrentiel. Cette formulation claire de ce que vous apportez d'unique à vos clients potentiels doit être parfaitement mémorisable et immédiatement compréhensible. Elle répond essentiellement à cette question : "Pourquoi un client devrait-il vous choisir plutôt qu'un autre freelance ou une agence établie ?"

La question tarifaire génère généralement beaucoup d'insécurité chez les débutants. "Combien vais-je facturer ? Comment justifier mes tarifs ?" J'observe deux tendances opposées mais également préjudiciables : la sous-facturation par manque de confiance ou la surfacturation par méconnaissance du marché. Votre politique tarifaire mérite une réflexion stratégique alignée avec votre positionnement et les réalités du secteur.

Les outils technologiques constituent les alliés indispensables du freelance moderne. Gestion de projet, facturation, comptabilité, communication client, stockage sécurisé, signature électronique... L'écosystème digital offre aujourd'hui des solutions adaptées à chaque besoin. L'investissement initial dans ces outils représente un accélérateur considérable pour votre productivité et votre professionnalisme.

L'organisation de votre temps de travail nécessite une approche intentionnelle dès le départ. La liberté d'organisation représente un des principaux attraits du freelancing, mais peut devenir un piège sans cadre structuré. L'établissement précoce de routines professionnelles efficaces vous évitera le syndrome de la "liberté paralysante" que j'ai observé chez de nombreux indépendants débutants.

L'aménagement d'un espace de travail fonctionnel influence considérablement votre productivité quotidienne et votre image professionnelle. Même avec un budget limité, créer un environnement dédié, bien équipé et propice à la concentration constitue un investissement rentable. Cela structure votre rapport au travail et améliore significativement la qualité de vos visioconférences avec les clients.

La construction méthodique de votre présence en ligne représente une étape fondamentale avant même de démarcher vos premiers clients. Cette présence se déploie sur plusieurs niveaux complémentaires :

- **Plateformes freelance françaises** : Malt, Codeur.com, Crème de la Crème... Ces espaces constituent souvent la première source de missions pour les débutants
- **Site web personnel** : Vitrine professionnelle indispensable reflétant votre positionnement unique et renforçant votre crédibilité
- **Réseaux sociaux professionnels** : LinkedIn en tête, mais potentiellement d'autres plateformes selon votre secteur d'activité
- **Contenus à valeur ajoutée** : Articles, vidéos ou podcasts démontrant votre expertise et améliorant votre référencement

L'établissement d'un réseau professionnel solide fonctionne comme une assurance qualité pour votre activité. Dans l'écosystème freelance français, les recommandations personnelles restent le canal d'acquisition client le plus puissant. Votre réseau initial peut sembler limité, mais chaque contact représente potentiellement une porte vers de nouvelles opportunités.

La préparation psychologique constitue un aspect souvent négligé mais crucial de vos fondations freelance. La transition vers l'indépendance s'accompagne d'incertitudes, de doutes et parfois de moments de solitude. Anticiper ces défis et développer des stratégies de résilience vous permettra de traverser sereinement les inévitables périodes difficiles.

La planification financière rigoureuse vous offre la sérénité nécessaire pour développer votre activité sans pression excessive. Je recommande systématiquement l'établissement d'un fonds de sécurité couvrant au minimum trois mois de dépenses personnelles et professionnelles. Cette réserve vous permet d'aborder vos démarches commerciales avec confiance et sélectivité.

La gestion des risques représente une dimension essentielle souvent sous-estimée par les débutants. Protection juridique, assurance responsabilité civile professionnelle, sauvegarde sécurisée des données, protection contre les impayés... Ces mécanismes préventifs vous éviteront bien des désagréments potentiellement dévastateurs pour votre activité naissante.

L'équilibre entre vie professionnelle et personnelle mérite une réflexion dès le démarrage de votre activité. Paradoxalement, de nombreux freelances finissent par travailler davantage qu'en tant que salariés, sacrifiant cet équilibre recherché sur l'autel de la réussite professionnelle. Établir des frontières claires entre ces deux sphères constitue un facteur déterminant pour votre épanouissement durable.

Les premiers contrats représentent souvent un défi considérable pour les freelances débutants. Modèles inadaptés, clauses piégeuses, propriété intellectuelle mal définie, modalités de paiement floues... Ces erreurs classiques peuvent générer des situations conflictuelles préjudiciables. Investir dans des modèles contractuels solides, éventuellement validés par un juriste, constitue une protection essentielle.

La création d'une stratégie marketing personnalisée transforme votre recherche de clients d'une démarche réactive à une approche proactive. Cette stratégie identifie vos canaux d'acquisition prioritaires, vos messages clés et votre plan d'action commercial. Elle vous permet de sortir du modèle épuisant de "recherche permanente de la prochaine mission" pour construire un flux régulier d'opportunités.

Les aspects comptables et fiscaux peuvent sembler rébarbatifs mais influencent directement votre rentabilité et votre tranquillité d'esprit. Comprendre les bases de la TVA, des cotisations sociales et de la déductibilité des charges professionnelles vous évitera bien des surprises désagréables. De nombreux outils simplifiés existent désormais pour faciliter cette gestion, même sans compétences comptables préalables.

L'apprentissage continu représente peut-être la fondation la plus durable de votre carrière freelance. Le paysage technologique, juridique et commercial évolue constamment. Cultiver une attitude d'apprenant permanent vous permettra de maintenir votre pertinence sur un marché exigeant et en mutation rapide. Intégrer cette dimension dans votre planning et votre budget dès le départ constitue un investissement stratégique majeur.

Les chapitres suivants exploreront en profondeur chacun de ces piliers fondamentaux, vous fournissant des outils concrets, des modèles adaptables et des conseils pratiques pour construire méthodiquement les fondations solides de votre activité freelance en France. Prenez le temps nécessaire pour établir ces bases avec soin. Cette phase préparatoire, bien que parfois moins exaltante que l'action immédiate, conditionnera largement votre réussite future.

1.1 Configurer Votre Cadre Légal et Administratif pour Démarrer Votre Activité Sereinement en France

1.1.1 Sélectionner le Statut Juridique Optimal et Conforme pour Votre Future Activité Freelance Française

Le choix du statut juridique constitue la première pierre angulaire de votre édifice freelance. Cette décision fondamentale influencera votre fiscalité, votre protection sociale, votre crédibilité auprès des clients et vos possibilités d'évolution futures. J'ai accompagné des centaines de freelances dans cette réflexion stratégique, et je constate régulièrement l'impact considérable de ce choix initial sur leur trajectoire.

La France offre un éventail particulièrement riche de structures juridiques pour les indépendants. Cette diversité représente une chance, permettant d'adapter finement votre statut à votre situation personnelle et à vos ambitions. Elle peut néanmoins générer une certaine confusion pour qui débute dans l'aventure freelance. Déchiffrons ensemble les principales options à votre disposition.

Le statut d'auto-entrepreneur (désormais appelé micro-entrepreneur) reste la porte d'entrée privilégiée par la majorité des freelances débutants. Sa popularité s'explique par plusieurs atouts majeurs : simplicité administrative, absence de capital social minimum, comptabilité allégée et processus de création entièrement dématérialisé. La création s'effectue en quelques clics sur le site officiel de l'URSSAF, généralement en moins de 30 minutes.

Les principaux avantages du régime micro-entrepreneur méritent d'être soulignés :

- **Simplicité administrative absolue** : déclarations trimestrielles de chiffre d'affaires en ligne, pas de bilan comptable
- **Fiscalité transparente** : prélèvement libératoire optionnel ou imposition sur le revenu classique après abattement forfaitaire
- **Charges sociales proportionnelles** : vous ne payez que sur ce que vous facturez réellement
- **Souplesse opérationnelle** : possibilité de cumuler avec un emploi salarié ou le statut étudiant

Ce statut présente néanmoins des limitations significatives que vous devez connaître. Les seuils de chiffre d'affaires (72 600€ pour les prestations de services en 2025) peuvent rapidement devenir contraignants pour un freelance qui réussit. La TVA non récupérable au-delà de certains montants et l'impossibilité de déduire la majorité de vos frais professionnels constituent des freins potentiels à votre rentabilité.

Pour les profils souhaitant une structure plus robuste, l'Entreprise Individuelle (EI) offre un cadre adapté. Cette formule vous permet de déduire vos frais réels et de récupérer la TVA, tout en bénéficiant d'une comptabilité au régime réel simplifiée jusqu'à certains seuils. L'EI maintient une relative simplicité administrative tout en offrant davantage de flexibilité fiscale que la micro-entreprise.

Les freelances aspirant à séparer nettement leur patrimoine personnel et professionnel s'orienteront plutôt vers l'EIRL (Entreprise Individuelle à Responsabilité Limitée). Cette structure permet de créer une déclaration d'affectation patrimoniale qui protège vos biens personnels des créanciers professionnels. Elle combine les avantages de l'entreprise individuelle avec une protection patrimoniale renforcée.

La création d'une société unipersonnelle constitue une option pertinente pour les profils visant une structure évolutive et une crédibilité accrue. Deux formes principales s'offrent à vous :

- **EURL (Entreprise Unipersonnelle à Responsabilité Limitée)** : adaptation de la SARL pour un associé unique, fiscalité à l'impôt sur le revenu par défaut
- **SASU (Société par Actions Simplifiée Unipersonnelle)** : version unipersonnelle de la SAS, fiscalité à l'impôt sur les sociétés, régime social du dirigeant assimilé salarié

Ma cliente Émilie, designer UX, a opté pour la SASU après deux années en micro-entreprise. Ce choix lui a permis d'optimiser sa fiscalité grâce à un salaire calibré et des dividendes stratégiques, tout en renforçant sa crédibilité auprès de grands comptes. Sa société est désormais valorisée comme un actif patrimonial qu'elle pourra potentiellement céder.

Le choix du statut optimal nécessite une analyse multidimensionnelle de votre situation personnelle. Plusieurs critères décisifs doivent guider votre réflexion :

1. **Votre prévisionnel de chiffre d'affaires** : les avantages de certains statuts se révèlent pleinement au-delà de certains seuils
2. **L'importance de votre investissement initial** : matériel onéreux, local professionnel, formations qualifiantes
3. **Votre situation personnelle** : régime matrimonial, patrimoine existant, autres sources de revenus
4. **Vos ambitions d'évolution** : développement d'équipe, levée de fonds, transmission ou vente à terme
5. **Votre profil de risque** : nature de vos prestations, clients sensibles, engagements contractuels importants

Le portage salarial représente une alternative intéressante pour les profils cherchant à tester le freelancing sans les contraintes administratives. Dans ce cadre, vous devenez salarié d'une entreprise de portage qui facture vos clients et vous reverse un salaire après déduction de frais de gestion. Ce statut hybride combine l'autonomie du freelance et la sécurité du salariat, notamment pour la protection sociale et l'assurance chômage.

Le régime fiscal constitue un critère déterminant dans votre choix de structure. L'impôt sur le revenu (IR) s'applique par défaut aux auto-entrepreneurs, EI, EIRL et EURL. L'impôt sur les sociétés (IS) concerne automatiquement la SASU, avec des possibilités d'optimisation par le jeu entre rémunération et dividendes. Chaque régime présente des avantages spécifiques selon votre niveau de revenus et votre situation familiale.

Votre protection sociale varie également considérablement selon le statut choisi. Les indépendants (micro-entrepreneurs, EI, gérants majoritaires d'EURL) relèvent du régime des travailleurs non-salariés, tandis que les présidents de SASU bénéficient du régime général des salariés. Cette distinction impacte vos droits en matière de retraite, d'assurance maladie et d'allocations familiales. Un arbitrage éclairé nécessite une projection à moyen terme de vos besoins de protection.

L'évolution potentielle de votre activité mérite une attention particulière dans votre décision. Certains statuts offrent davantage de souplesse pour accueillir des associés, lever des fonds ou transformer la structure. La SASU présente notamment l'avantage de pouvoir évoluer facilement vers une SAS multi-associés, facilitant l'entrée d'investisseurs ou l'intégration de partenaires stratégiques.

Les plateformes françaises de freelancing acceptent tous les statuts juridiques mentionnés, avec quelques nuances opérationnelles. Malt s'adresse principalement aux travailleurs indépendants tout en accueillant les sociétés. Codeur.com et Crème de la Crème n'imposent aucune restriction statutaire. Cette flexibilité vous permet de choisir votre structure en fonction de vos besoins propres plutôt que des contraintes des plateformes.

La mise en place concrète de votre statut s'effectue principalement en ligne, avec des spécificités selon la structure choisie :

- **Micro-entreprise** : déclaration sur autoentrepreneur.urssaf.fr, activation sous 5 jours ouvrables
- **EI ou EIRL** : constitution d'un dossier auprès du Centre de Formalités des Entreprises (CFE) compétent
- **EURL ou SASU** : rédaction de statuts, publication d'une annonce légale, dépôt du capital social, immatriculation au CFE

L'appui d'un expert-comptable s'avère particulièrement précieux pour les structures sociétaires. Thomas, développeur web, témoigne : "J'ai investi 500€ dans l'accompagnement par un expert-comptable pour créer ma SASU. Son conseil sur la répartition optimale entre salaire et dividendes m'a fait économiser plus de 5000€ d'impôts dès la première année."

Certaines erreurs fréquentes méritent d'être évitées lors de ce choix crucial. La précipitation vers le statut micro-entrepreneur sans analyse approfondie constitue le piège classique. Ce régime, bien que simple, peut s'avérer restrictif pour une activité qui décolle rapidement. À l'inverse, la création prématurée d'une société engendre des coûts fixes et des obligations que votre chiffre d'affaires initial ne justifie pas toujours.

L'analyse juridique ne doit pas occulter la dimension psychologique de cette décision. Les statuts indépendants (micro-entrepreneur, EI) offrent une autonomie maximale et un sentiment direct de propriété de votre activité. Les formes sociétaires introduisent une distance juridique qui peut sembler artificielle pour certains mais qui procure un cadre structurant et protecteur pour d'autres. Cette dimension subjective mérite d'être intégrée à votre réflexion.

La possibilité de transformation ultérieure représente un aspect souvent négligé de cette décision. Un parcours progressif, débutant par la micro-entreprise puis évoluant vers une structure plus sophistiquée à mesure que votre activité se développe, constitue souvent la voie la plus pragmatique. Cette approche par paliers vous permet d'expérimenter le freelancing sans engagement excessif tout en préservant vos options futures.

La dimension fiscale et sociale de votre choix statutaire doit s'inscrire dans une stratégie patrimoniale globale. Les différences de traitement des revenus, de constitution de retraite ou de valorisation de l'activité peuvent générer des écarts significatifs dans votre patrimoine à long terme. Une consultation avec un conseiller en gestion de patrimoine complète utilement l'expertise comptable dans cette réflexion stratégique.

1.1.2 Anticiper et Maîtriser les Obligations Fiscales et Sociales Indispensables du Freelance en France

La fiscalité représente souvent une source d'anxiété majeure pour les freelances débutants. Combien de conversations ai-je entendues commencer par "Je suis passionné par mon métier, mais les impôts et les charges sociales me font peur" ? Cette appréhension légitime mérite d'être dissipée par une compréhension claire des mécanismes fiscaux et sociaux qui encadrent l'activité indépendante en France.

Mon premier trimestre comme freelance, j'ai ressenti cette confusion face à la multiplicité des obligations déclaratives. Sans préparation adéquate, j'ai failli manquer plusieurs échéances cruciales. Cette expérience m'a enseigné l'importance d'une vision globale et organisée du calendrier fiscal français. Je vous épargne ces sueurs froides en vous guidant méthodiquement à travers ce labyrinthe administratif.

Le système fiscal français se caractérise par sa complexité mais aussi par sa logique intrinsèque. Chaque statut juridique implique des obligations spécifiques qu'il convient de maîtriser dès le départ. Cette connaissance vous évitera non seulement des pénalités potentielles mais vous permettra également d'optimiser légalement votre situation fiscale, préservant ainsi votre rentabilité.

Les charges sociales constituent un pilier fondamental de notre système de protection sociale. Elles financent votre couverture maladie, vos droits à la retraite et diverses prestations sociales. Leur montant varie considérablement selon le statut juridique choisi, créant des opportunités d'optimisation stratégique que nous explorerons ensemble.

Pour les micro-entrepreneurs, le régime social présente une simplicité attrayante. Vos charges sociales sont calculées directement sur votre chiffre d'affaires selon des taux fixes qui varient selon la nature de votre activité :

- **12,3%** pour les activités commerciales d'achat-revente[3]
- **21,2%** pour les prestations de services commerciales et artisanales BIC[3]
- **23,2%** pour les professions libérales relevant de la CIPAV[3]
- **24,6%** pour les prestations de services libérales BNC[3]

Cette simplicité de calcul se double d'une facilité déclarative via le site de l'URSSAF. Vous déclarez votre chiffre d'affaires mensuellement ou trimestriellement, et vos cotisations sont automatiquement calculées. Ce système transparent vous permet d'anticiper précisément votre charge sociale sur chaque euro facturé.

Les freelances en entreprise individuelle classique (hors régime micro) font face à un taux de cotisations sociales plus élevé, représentant environ 44% du revenu imposable[3]. Cette différence significative avec le régime micro s'explique notamment par un calcul basé sur le bénéfice réel plutôt que sur le chiffre d'affaires brut.

Le choix entre ces deux régimes mérite une analyse chiffrée tenant compte de votre niveau de charges professionnelles réelles. Si celles-ci dépassent l'abattement forfaitaire du régime micro (34% pour les services), le régime réel peut s'avérer fiscalement plus avantageux malgré des cotisations sociales plus élevées et une comptabilité plus exigeante.

Pour les gérants d'EURL, le régime social des travailleurs non-salariés s'applique avec un taux moyen de cotisations avoisinant 45% des revenus professionnels[3]. Un point crucial à connaître : contrairement au micro-entrepreneur qui ne paie que sur son chiffre d'affaires réalisé, les TNS sont assujettis à des cotisations minimales d'environ 1000€ par an, même en l'absence de revenus.

La SASU offre un positionnement social distinctif puisque son dirigeant bénéficie du statut d'assimilé-salarié. Ses cotisations sociales, représentant environ 80% du revenu net versé au titre du mandat social[3], ne sont dues que s'il se verse effectivement une rémunération. Cette caractéristique permet une gestion plus flexible de votre rémunération et des charges associées.

La TVA constitue un autre élément majeur de la fiscalité du freelance en France. Contrairement aux idées reçues, elle n'est pas systématiquement due dès le démarrage de votre activité. La franchise en base de TVA vous exempte de facturation, déclaration et paiement de cette taxe tant que votre chiffre d'affaires reste sous certains seuils :

- **36 800€** pour les prestations de services[4]
- **91 900€** pour les ventes de marchandises[4]

Cette franchise représente un avantage compétitif significatif pour les freelances travaillant avec des particuliers ou des clients non assujettis. Pour ceux collaborant principalement avec des entreprises assujetties, l'option volontaire pour la TVA peut parfois s'avérer judicieuse, permettant de récupérer la TVA sur vos achats professionnels.

Le calendrier fiscal français impose un rythme de déclarations qu'il convient de respecter scrupuleusement. Pour les entreprises individuelles au régime réel, la liasse fiscale doit être déposée au plus tard le 3 mai, ou le 18 mai si le dépôt est réalisé par voie électronique[4]. Ces échéances s'inscrivent dans un calendrier plus large de déclarations de revenus dont les dates limites varient selon votre département de résidence.

L'impôt sur le revenu pour les freelances suit le barème progressif national. En 2025 (pour les revenus 2024), ce barème se présente comme suit :

- **0%** pour la fraction inférieure ou égale à 11 497€[5]
- **11%** pour la fraction entre 11 498€ et 29 315€[5]
- **30%** pour la fraction entre 29 316€ et 83 823€[5]
- **41%** pour la fraction entre 82 824€ et 180 294€[5]
- **45%** pour la fraction supérieure à 180 294€[5]

Un point essentiel à comprendre : vos revenus d'activité freelance s'ajoutent aux autres revenus de votre foyer fiscal. Cette globalisation peut vous faire franchir des tranches d'imposition supérieures, d'où l'importance d'une planification fiscale intégrée prenant en compte l'ensemble de votre situation.

Pour les sociétés soumises à l'impôt sur les sociétés (IS), comme la SASU, le régime fiscal diffère fondamentalement. Les bénéfices sont imposés au niveau de la société selon les taux suivants :

- **15%** sur les 42 500 premiers euros de bénéfices[7]
- **25%** au-delà de ce seuil[7]

Cette structure fiscale ouvre des possibilités d'optimisation par le jeu entre rémunération (imposée à l'IR et soumise aux charges sociales) et dividendes (imposés différemment). Cette stratégie requiert une analyse fine de votre situation personnelle et une projection pluriannuelle de vos revenus.

La Contribution Foncière des Entreprises (CFE) représente une charge fiscale souvent méconnue des nouveaux freelances. Cet impôt local est dû dès la deuxième année d'activité par tous les indépendants, quel que soit leur statut juridique[4]. Son montant varie considérablement selon les communes et les caractéristiques de votre local professionnel, justifiant une vérification préalable auprès de votre mairie.

La Cotisation sur la Valeur Ajoutée des Entreprises (CVAE) ne concerne que les structures réalisant plus de 500 000€ de chiffre d'affaires annuel hors taxes[4]. Si votre activité se développe significativement, cette taxe additionnelle devra être intégrée à vos prévisions fiscales.

La contribution à la formation professionnelle constitue une obligation méconnue mais néanmoins obligatoire pour tous les indépendants. Son taux varie selon la nature de votre activité :

- **0,1%** du chiffre d'affaires pour les activités commerciales[4]
- **0,2%** pour les activités libérales[4]
- **0,3%** pour les activités artisanales[4]

En contrepartie de cette cotisation, vous bénéficiez de droits à la formation que je vous encourage vivement à utiliser pour développer vos compétences. De nombreux freelances négligent cette opportunité, laissant leurs droits s'évaporer année après année.

Le régime fiscal de la micro-entreprise simplifie considérablement vos obligations déclaratives. Vous déclarez mensuellement ou trimestriellement votre chiffre d'affaires à l'URSSAF, puis annuellement vos revenus via le formulaire 2042-C PRO joint à votre déclaration personnelle[4]. Cette simplicité administrative constitue l'un des atouts majeurs de ce statut pour les débutants.

Pour les entreprises individuelles au régime réel et les sociétés, les obligations sont plus conséquentes. Elles impliquent le dépôt d'une liasse fiscale (formulaire 2031 et annexes pour les EI, 2065 et annexes pour les sociétés à l'IS)[4]. Cette complexité accrue justifie souvent l'accompagnement par un expert-comptable, dont le coût doit être intégré à vos prévisions budgétaires.

Une stratégie d'optimisation fiscale légale débute par la connaissance précise des charges déductibles. En régime réel, quasiment toutes vos dépenses professionnelles réduisent votre base imposable : matériel informatique, logiciels, formations, assurances professionnelles, frais de déplacement, cotisations sociales personnelles... Cette déductibilité représente un avantage considérable par rapport au régime micro et son abattement forfaitaire.

L'anticipation des échéances fiscales et sociales constitue une discipline fondamentale pour tout freelance. Je recommande la création d'un compte bancaire dédié où vous provisionnez systématiquement un pourcentage de chaque encaissement pour vos futures charges. Ce réflexe de "mise de côté" élimine le stress des échéances et sécurise votre trésorerie professionnelle.

Le versement libératoire de l'impôt sur le revenu offre une option intéressante pour les micro-entrepreneurs dont le revenu fiscal de référence ne dépasse pas certains seuils. Ce mécanisme vous permet de payer votre impôt sur le revenu en même temps que vos cotisations sociales, évitant le décalage classique entre perception des revenus et imposition.

Les aides spécifiques aux créateurs d'entreprise méritent votre attention. L'ACRE (Aide aux Créateurs et Repreneurs d'Entreprise) offre notamment des exonérations partielles de charges sociales la première année d'activité. Ces dispositifs, régulièrement mis à jour par le législateur, peuvent significativement réduire vos charges durant la phase critique de lancement.

La séparation stricte entre finances personnelles et professionnelles représente une hygiène comptable essentielle, quel que soit votre statut. Outre l'aspect légal, cette discipline simplifie considérablement votre gestion administrative et optimise votre relation avec l'administration fiscale en cas de contrôle.

L'anticipation des variations saisonnières de trésorerie vous évitera bien des difficultés. La plupart des freelances connaissent des cycles d'activité avec des périodes plus creuses (typiquement l'été et décembre). Ces fluctuations doivent être intégrées à votre planification fiscale pour éviter les tensions de trésorerie lors des échéances fixes.

La tenue d'une comptabilité rigoureuse, même si vous n'y êtes pas légalement obligé (comme en micro-entreprise), constitue un outil précieux de pilotage. Elle vous permet non seulement de satisfaire à vos obligations fiscales mais aussi d'analyser finement la rentabilité de vos différentes activités pour orienter stratégiquement votre développement.

La maîtrise de ces aspects fiscaux et sociaux, bien que technique, vous procurera une tranquillité d'esprit précieuse. Elle vous permettra de vous concentrer sur votre cœur de métier et le développement de votre clientèle, avec la certitude de bâtir votre activité sur des fondations administratives solides et pérennes.

1.2 Bâtir Votre Offre de Services Unique et Votre Argumentaire de Vente Percutant pour le Marché Français

1.2.1 Définir Votre Proposition de Valeur Clairement Distinctive pour Séduire les Clients Français

Le marché freelance français regorge de talents. Sur Malt uniquement, plus de 150 000 indépendants se disputent l'attention des clients potentiels. Face à cette concurrence intense, une proposition de valeur distinctive devient votre arme secrète. J'ai découvert cette réalité après plusieurs mois de missions mal rémunérées, où j'étais perçu comme interchangeable avec d'autres prestataires.

Votre proposition de valeur représente bien plus qu'un simple slogan marketing. Elle constitue l'essence même de votre offre, le point de convergence entre vos compétences uniques et les besoins spécifiques de vos clients français. Cette promesse puissante répond à la question fondamentale que tout client se pose : "Pourquoi devrais-je vous choisir plutôt qu'un autre freelance ou une agence établie ?"

Une proposition de valeur percutante se compose de plusieurs éléments clés qu'il convient d'articuler harmonieusement :

- **Votre solution spécifique** : description précise du service ou de l'expertise que vous proposez
- **Les bénéfices tangibles** : avantages concrets que le client obtient en travaillant avec vous
- **Votre facteur différenciant** : ce qui vous distingue fondamentalement de la concurrence
- **Votre public cible** : identification claire des clients idéaux pour votre offre

La culture professionnelle française valorise particulièrement certains aspects que vous devez intégrer dans votre proposition. La maîtrise parfaite de la langue, la compréhension des nuances culturelles, la connaissance du cadre réglementaire hexagonal représentent des atouts majeurs que les freelances étrangers peinent à reproduire. Exploitez stratégiquement ces avantages naturels.

Mon client Mathieu, développeur WordPress talentueux mais noyé dans la masse des prestataires génériques, a transformé sa carrière en affinant sa proposition de valeur. Plutôt que de se présenter comme "développeur WordPress polyvalent", il s'est repositionné comme "spécialiste des migrations complexes de sites e-commerce vers WordPress avec zéro perte de trafic SEO". Cette spécialisation précise a immédiatement attiré des clients prêts à payer un premium pour son expertise ciblée.

Pour cristalliser votre proposition distinctive, commencez par cartographier précisément vos compétences actuelles. Identifiez particulièrement :

1. Vos connaissances techniques spécifiques
2. Vos expériences sectorielles approfondies
3. Vos méthodes de travail uniques
4. Vos qualités personnelles différenciantes
5. Vos certifications ou formations spécialisées

Les entreprises françaises recherchent souvent des freelances capables d'apporter un regard extérieur tout en comprenant intimement leur contexte interne. Cette dualité constitue un positionnement puissant que j'exploite régulièrement dans ma proposition de valeur : "J'apporte l'expertise pointue d'un spécialiste externe avec la compréhension approfondie d'un collaborateur interne."

La connaissance fine de votre client idéal représente une étape cruciale dans la définition de votre proposition. Les besoins, attentes et frustrations des entreprises françaises varient considérablement selon leur taille, leur secteur et leur maturité digitale. Une PME industrielle en phase de transformation numérique ne recherche pas les mêmes qualités qu'une startup technologique en hypercroissance.

L'analyse de vos concurrents directs sur les plateformes françaises vous permet d'identifier les espaces de différenciation disponibles. Examinez attentivement leur positionnement, leur ton de communication, leurs tarifs et leurs spécialisations revendiquées. Les lacunes que vous observez représentent autant d'opportunités de vous démarquer significativement.

Les clients français valorisent particulièrement certains attributs que vous pouvez intégrer stratégiquement dans votre proposition de valeur :

- **La rigueur méthodologique** : démontrez votre approche structurée et fiable
- **L'excellence du livrable** : mettez en avant votre exigence qualitative supérieure
- **La réactivité relationnelle** : soulignez votre disponibilité et votre adaptabilité
- **La compréhension sectorielle** : valorisez votre connaissance des enjeux spécifiques de leur industrie
- **L'innovation pragmatique** : proposez des solutions novatrices mais réalistes et applicables

La formulation de votre proposition gagne en impact lorsqu'elle suit une structure éprouvée. Le modèle que j'utilise systématiquement se compose ainsi : "J'aide [client cible] à [résoudre tel problème ou atteindre tel objectif] grâce à [votre approche unique] même si/contrairement à [obstacle habituellement rencontré]."

Julie, consultante en stratégie digitale pour le secteur luxe, a radicalement transformé sa visibilité avec cette formulation :

"J'aide les maisons de luxe françaises à développer leur présence digitale internationale tout en préservant leur exclusivité et leur identité distinctive, même face aux géants du e-commerce de masse."

Votre proposition de valeur doit impérativement éviter certains pièges communs qui diminueraient son impact :

- **Le jargon technique excessif** : privilégiez un langage clair et accessible
- **Les affirmations non démontrables** : appuyez chaque promesse sur des preuves concrètes
- **Le positionnement générique** : fuyez les formules passe-partout comme "service de qualité"
- **L'énumération de compétences** : concentrez-vous sur les bénéfices client plutôt que sur vos aptitudes
- **La longueur excessive** : visez une proposition mémorisable en une ou deux phrases percutantes

La culture d'entreprise française, avec son approche cartésienne, apprécie particulièrement les propositions de valeur structurées autour d'un triptyque clair. Cette approche en trois points facilite la mémorisation et structure naturellement votre discours commercial. Par exemple : "Expertise technique + Connaissance sectorielle + Approche collaborative".

Le test de votre proposition auprès de clients potentiels constitue une étape indispensable pour valider son efficacité. Présentez différentes versions lors de conversations informelles et observez les réactions. Les formulations qui génèrent des questions précises et un intérêt manifeste méritent d'être conservées et affinées.

L'écosystème français des plateformes de freelancing vous offre plusieurs canaux pour déployer stratégiquement votre proposition de valeur :

1. Le titre de votre profil sur Malt ou Codeur.com
2. Votre introduction personnelle sur ces plateformes

3. Vos réponses aux appels d'offres
4. Votre signature d'email professionnelle
5. Votre présentation lors d'événements de networking

La proposition de valeur ne reste pas figée dans le temps. Elle évolue naturellement avec votre expertise, l'évolution du marché et le raffinement de votre positionnement. Je révise personnellement ma proposition tous les six mois pour maintenir sa pertinence et son impact dans un écosystème freelance en constante mutation.

Une approche particulièrement efficace consiste à ancrer votre proposition dans un "contre-positionnement" stratégique. Cette technique consiste à vous définir explicitement par opposition aux pratiques dominantes de votre secteur. "Contrairement aux agences qui multiplient les interlocuteurs, vous travaillez directement avec moi du brief initial à la livraison finale."

Les clients français, culturellement sensibles à l'argumentation structurée, apprécient particulièrement les propositions de valeur qui intègrent une dimension pédagogique. Positionnez-vous comme un guide expert qui non seulement résout leurs problèmes mais leur permet également de comprendre les enjeux et mécanismes sous-jacents.

Les témoignages de clients satisfaits constituent des amplificateurs puissants de votre proposition de valeur. Sélectionnez stratégiquement ceux qui illustrent précisément vos éléments différenciants. Un témoignage spécifique vaut infiniment plus qu'une dizaine de recommandations génériques sur votre "professionnalisme" ou votre "sérieux".

Votre proposition doit refléter authentiquement vos valeurs personnelles et professionnelles. Les clients français détectent rapidement les dissonances entre un positionnement marketing artificiel et la réalité de votre personnalité. J'ai constaté que les propositions alignées avec mes convictions profondes généraient systématiquement plus d'adhésion et de confiance.

La concision représente une qualité essentielle d'une proposition de valeur percutante. Dans un monde saturé d'informations, votre capacité à articuler votre valeur unique en quelques mots mémorables constitue un avantage compétitif considérable. Travaillez chaque mot comme un diamantaire affine une pierre précieuse.

Une fois votre proposition clairement définie, elle devient le fil conducteur de toute votre communication. Chaque interaction avec un client potentiel, chaque élément de votre présence en ligne doit renforcer cohérement cette promesse distinctive. Cette cohérence renforce progressivement votre positionnement dans l'esprit des clients français.

1.2.2 Structurer Votre Grille Tarifaire Stratégiquement pour Valoriser Votre Expertise sur le Marché Français

La question tarifaire hante l'esprit de presque tous les freelances débutants. Je me souviens encore de cette angoisse paralysante lors de ma première proposition commerciale : trop cher et je risquais de perdre l'opportunité, pas assez et je dévaloriserais mon expertise tout en compromettant ma rentabilité. Cette tension reflète un enjeu fondamental de votre positionnement sur le marché français.

Votre politique tarifaire transcende largement la simple détermination d'un montant. Elle constitue une déclaration stratégique sur votre valeur professionnelle et votre positionnement sur le marché. Un prix bien calibré communique instantanément votre niveau d'expertise, la qualité de vos prestations et le segment de clientèle que vous ciblez.

Le marché français du freelancing présente des spécificités tarifaires qu'il convient d'appréhender finement. Contrairement à certains marchés internationaux où le prix le plus bas l'emporte souvent, le client français valorise généralement l'expertise, la proximité culturelle et la qualité relationnelle. Cette particularité vous offre l'opportunité de construire une tarification basée sur la valeur plutôt que sur le volume.

L'erreur la plus commune chez les débutants consiste à sous-facturer dramatiquement leurs services. Cette approche, motivée par le manque de confiance ou la peur de perdre des opportunités, crée un cercle vicieux dangereux : des tarifs bas attirent des clients peu valorisants qui monopolisent votre temps, vous empêchant d'accéder à une clientèle plus qualitative et plus rémunératrice.

Pour établir une grille tarifaire stratégique, commencez par comprendre vos coûts réels. Les freelances négligent souvent plusieurs composantes essentielles de leur structure de coûts :

- **Coûts fixes professionnels** : espace de travail, équipements, logiciels, assurances, frais bancaires, comptabilité
- **Charges sociales et fiscales** : cotisations URSSAF, impôts, CFE, formation professionnelle
- **Frais variables** : déplacements, fournitures, sous-traitance occasionnelle
- **Coûts cachés** : temps administratif non facturé, prospection, formation continue
- **Provision pour congés et imprévus** : périodes sans revenus, aléas de trésorerie

Une méthode simple mais efficace pour déterminer votre tarif minimum viable consiste à calculer votre "taux horaire plancher". Cette formule prend en compte vos besoins financiers personnels et professionnels tout en intégrant la réalité des heures effectivement facturables sur une année.

Le calcul se structure ainsi : Additionnez vos charges personnelles annuelles (logement, alimentation, transport, loisirs) et vos charges professionnelles. Ajoutez une marge de sécurité de 20% et votre objectif d'épargne. Divisez ce montant par le nombre réel d'heures facturables dans l'année (environ 1000 à 1200 pour un freelance à temps plein, en tenant compte des périodes de prospection, d'administration et de formation).

La recherche d'un positionnement tarifaire optimal exige une connaissance approfondie des tarifs pratiqués sur le marché français. J'ai identifié quatre niveaux de positionnement distincts que vous pouvez envisager :

- **Entrée de gamme** : tarifs 10-20% inférieurs au marché, volume important, clients sensibles au prix, marges réduites
- **Milieu de gamme** : tarifs alignés sur le marché, équilibre volume/rentabilité, clientèle diversifiée
- **Premium** : tarifs 20-50% supérieurs au marché, clients exigeants, prestations hautement personnalisées, marges confortables
- **Expert de niche** : tarifs très élevés, positionnement ultra-spécialisé, clients spécifiques, volume limité mais forte rentabilité

Votre choix dépendra de votre expérience, de votre positionnement stratégique et de vos objectifs financiers et professionnels. Le marché français offre des opportunités dans ces quatre segments, avec une valorisation particulière de l'expertise spécialisée.

La valeur perçue constitue un levier puissant pour justifier des tarifs plus élevés. Les clients français évaluent souvent cette valeur à travers plusieurs prismes :

- **L'économie générée** : combien votre intervention permet d'économiser en temps, ressources ou opportunités

- **Le chiffre d'affaires généré** : quel impact mesurable votre prestation aura sur les revenus du client
- **La résolution de problème** : quelle problématique critique votre intervention résout
- **La tranquillité d'esprit** : quelle sécurité ou quel confort psychologique votre service procure
- **Le prestige ou l'image** : comment votre collaboration valorise l'image du client

Marie, consultante SEO que j'accompagnais, a transformé sa proposition tarifaire en intégrant ces dimensions. Plutôt que de vendre "des prestations d'optimisation SEO à 500€", elle propose désormais "un programme d'amélioration de visibilité digitale garantissant un retour sur investissement minimum de 300% en six mois". Cette reformulation centrée sur la valeur générée a considérablement augmenté son acceptation tarifaire.

Les structures de tarification peuvent prendre plusieurs formes, chacune adaptée à des contextes spécifiques. Sur le marché français, j'observe principalement :

1. **Tarif horaire** : simple et transparent, adapté aux missions dont l'ampleur est difficile à évaluer précisément
2. **Forfait projet** : rassurant pour le client, nécessite une définition précise du périmètre et des livrables attendus
3. **Forfait journalier** : flexible, pertinent pour des missions nécessitant une présence sur site ou des interventions régulières
4. **Tarification à la valeur** : basée sur les résultats générés, peut inclure une part fixe et une part variable liée à la performance
5. **Abonnement mensuel** : idéal pour fidéliser les clients et stabiliser vos revenus, particulièrement adapté aux prestations récurrentes

La psychologie du prix joue un rôle crucial dans la perception de votre offre par les clients français. Plusieurs principes subtils peuvent vous aider à optimiser l'acceptation de vos tarifs :

- **Prix d'ancrage** : proposez d'abord une option premium pour valoriser les offres standard qui suivront
- **Nombres précis** : un tarif de 2247€ paraît plus réfléchi et justifié qu'un prix rond de 2250€
- **Effet de seuil** : restez légèrement sous les seuils psychologiques (1990€ plutôt que 2000€)
- **Contraste** : proposez plusieurs options tarifaires pour que le client puisse comparer et choisir
- **Démultiplication** : présentez le coût quotidien ou hebdomadaire plutôt que le montant total

La segmentation tarifaire représente une stratégie puissante pour maximiser votre valeur perçue tout en élargissant votre clientèle potentielle. Le principe consiste à proposer différentes options de service à des prix distincts, permettant aux clients de choisir le niveau qui correspond le mieux à leurs besoins et à leur budget.

Une structure efficace comprend généralement trois options : basique, standard et premium. L'option centrale (standard) est généralement celle que vous souhaitez vendre majoritairement, encadrée par une option plus accessible et une option haut de gamme qui la fait paraître raisonnable par contraste.

Les plateformes françaises de freelancing présentent des particularités tarifaires qu'il convient d'intégrer à votre stratégie. Malt attire généralement une clientèle prête à valoriser l'expertise, permettant des tarifs plus élevés que Codeur.com ou 5euros.com qui ciblent davantage des budgets contraints ou des prestations standardisées.

La négociation tarifaire constitue une épreuve redoutée par de nombreux freelances débutants. Plutôt que de céder instantanément sur votre prix, envisagez ces approches alternatives :

- **Ajustement du périmètre** : réduisez la portée du projet plutôt que votre taux horaire
- **Étalement des paiements** : proposez un échéancier plus souple sans modifier le montant total
- **Paliers de collaboration** : offrez des remises sur volume pour les projets futurs
- **Valeur ajoutée** : incluez des services complémentaires qui vous coûtent peu mais présentent une forte valeur perçue
- **Garanties renforcées** : proposez des engagements supplémentaires pour rassurer le client hésitant

L'évolution progressive de vos tarifs doit s'inscrire dans votre stratégie de développement à long terme. Sur le marché français, j'observe qu'une augmentation annuelle de 10 à 15% représente une progression saine pour un freelance qui développe régulièrement son expertise et sa notoriété.

L'art du timing tarifaire s'avère crucial dans cette évolution. Les moments propices pour réviser vos tarifs à la hausse incluent : après l'obtention d'une certification valorisante, suite à la publication d'un cas client particulièrement réussi, lors du renouvellement annuel des contrats récurrents, ou après avoir atteint un taux d'occupation proche de la saturation.

La communication transparente autour de vos tarifs constitue un facteur déterminant de votre crédibilité professionnelle. Le marché français valorise particulièrement cette clarté. Je recommande de présenter vos tarifs avec assurance, en les justifiant par la valeur concrète apportée plutôt que par des considérations liées à vos coûts ou à vos besoins personnels.

Les objections tarifaires font partie intégrante du processus commercial. Apprenez à les accueillir sereinement comme une opportunité de clarifier votre valeur ajoutée. Les objections les plus fréquentes sur le marché français concernent la comparaison avec des concurrents moins chers, le manque de budget alloué ou la référence à des collaborations passées à des tarifs inférieurs.

La réponse à ces objections ne doit jamais prendre la forme d'une justification défensive. Adoptez plutôt une posture pédagogique qui explique calmement la valeur unique de votre intervention, les risques potentiels d'une solution moins qualitative ou l'investissement que représente votre prestation plutôt que son coût.

Votre grille tarifaire mérite une réévaluation régulière pour rester alignée avec votre évolution professionnelle et les réalités du marché. J'analyse personnellement mes tarifs tous les trimestres en intégrant plusieurs paramètres : taux d'acceptation de mes propositions, évolution de mon expertise, feedback des clients sur la valeur perçue et benchmarking concurrentiel.

Cette approche stratégique de votre tarification constitue un pilier fondamental de votre réussite en freelance. Elle détermine non seulement votre rentabilité immédiate mais façonne également votre trajectoire professionnelle et le type de clients que vous attirerez sur le long terme. Un positionnement tarifaire réfléchi vous permettra de construire progressivement une clientèle qui valorise réellement votre expertise sur le marché français.

2. Maximiser Votre Visibilité : Créez des Profils Irrésistibles sur les Plateformes Françaises Incontournables

La visibilité constitue la clé de voûte de toute activité freelance réussie. Imaginez un instant le meilleur artisan de France travaillant dans l'obscurité d'une cave sans fenêtre, privé de tout contact avec le monde extérieur. Peu importe son talent exceptionnel, sans visibilité, son expertise reste invisible et donc inaccessible pour ses clients potentiels.

Cette vérité fondamentale prend une dimension particulière dans l'écosystème digital français du freelancing. J'observe quotidiennement des professionnels talentueux qui peinent à décrocher des missions non par manque de compétences, mais par déficit de visibilité stratégique sur les plateformes nationales. Leur présence en ligne ressemble davantage à un murmure qu'à une déclaration d'expertise.

Le marché français du freelancing présente des caractéristiques distinctives qu'il convient de maîtriser pour maximiser votre exposition. Contrairement aux plateformes internationales souvent gouvernées par la course au prix le plus bas, les plateformes hexagonales valorisent particulièrement l'expertise spécifique, la qualité relationnelle et la capacité à comprendre les enjeux locaux des entreprises françaises.

Ma propre expérience illustre parfaitement ce phénomène. Mes débuts sur Malt se sont soldés par plusieurs semaines sans aucun contact client malgré mes compétences techniques avérées. La raison ? Un profil générique qui me noyait dans la masse des autres freelances. La transformation de mon approche et l'optimisation méthodique de ma présence ont radicalement changé la donne, multipliant par six mes sollicitations mensuelles.

Les plateformes françaises de freelancing constituent un écosystème riche mais fragmenté, chacune avec ses codes, ses algorithmes et son public cible. Comprendre leurs mécanismes spécifiques représente un avantage compétitif majeur que peu de freelances exploitent pleinement. Cette connaissance approfondie vous permettra d'apparaître systématiquement dans les premiers résultats de recherche pertinents.

Malt s'est imposée comme la plateforme de référence pour les profils experts avec plus de 350 000 freelances inscrits. Son algorithme sophistiqué valorise particulièrement les profils complets, les recommandations qualifiées et l'activité régulière sur la plateforme. Sa clientèle diversifiée comprend aussi bien des startups innovantes que des grands groupes du CAC 40 recherchant des compétences pointues.

Crème de la Crème adopte une approche plus sélective, positionnée sur le segment premium du marché. Sa clientèle, composée majoritairement d'entreprises établies et de scale-ups en forte croissance, recherche des freelances capables d'intervenir sur des problématiques stratégiques complexes. La qualité de votre parcours professionnel et de vos références y joue un rôle déterminant.

Codeur.com attire une audience plus technique, principalement orientée vers le développement web, les projets digitaux et la création graphique. Son système d'enchères inversées et son volume important de projets en font un terrain fertile pour les freelances débutants souhaitant construire rapidement leurs premiers cas clients. La réactivité et la pertinence des propositions y sont particulièrement valorisées.

Redacteur.com et Graphiste.com ciblent des niches professionnelles spécifiques, offrant une visibilité ciblée aux rédacteurs et designers. Ces plateformes spécialisées permettent souvent une meilleure adéquation entre votre expertise et les besoins précis des clients, réduisant la concurrence généraliste que l'on retrouve sur les plateformes multidisciplinaires.

La visibilité optimale sur ces différentes plateformes ne s'obtient pas par hasard ou par ancienneté. Elle résulte d'une stratégie délibérée et méthodique qui commence par la création de profils parfaitement calibrés. J'accompagne régulièrement des freelances dans cette démarche cruciale qui conditionne largement leur succès futur.

Un profil freelance performant sur les plateformes françaises s'articule autour de plusieurs piliers fondamentaux :

- **L'attractivité immédiate** : capacité à capter l'attention du visiteur dès les premières secondes
- **La clarté du positionnement** : expression limpide de votre expertise spécifique et de votre proposition de valeur
- **La démonstration de compétences** : preuves tangibles de votre expertise à travers des réalisations concrètes
- **La socialisation du profil** : témoignages clients et recommandations qui renforcent votre crédibilité
- **L'optimisation technique** : maîtrise des mots-clés et des paramètres propres à chaque plateforme

La rédaction stratégique de votre description de profil constitue un exercice d'équilibriste entre plusieurs impératifs parfois contradictoires. Elle doit séduire simultanément les algorithmes de classement des plateformes et les lecteurs humains qui décideront in fine de vous contacter. Cette double optimisation nécessite une approche méthodique que nous explorerons en détail.

Les mots-clés jouent un rôle pivot dans votre visibilité digitale. Leur sélection minutieuse et leur intégration naturelle dans votre profil déterminent largement votre positionnement dans les résultats de recherche des plateformes françaises. Contrairement aux idées reçues, il ne s'agit pas d'en maximiser le nombre mais d'identifier les plus pertinents pour votre activité spécifique.

Votre portfolio représente la vitrine concrète de votre savoir-faire. Sa conception stratégique transcende la simple accumulation de réalisations pour devenir un outil de conversion puissant. La sélection judicieuse des projets présentés, leur mise en contexte narrative et l'accent mis sur les résultats obtenus pour vos clients transforment de simples illustrations en arguments de vente convaincants.

Ma cliente Sophie, rédactrice web talentueuse, stagnait sur Redacteur.com malgré ses compétences indéniables. La restructuration complète de son portfolio autour de trois secteurs d'expertise clairement identifiés, appuyée par des métriques précises de performance (taux de conversion, positionnements SEO obtenus), a radicalement transformé sa visibilité et la qualité des sollicitations reçues.

Les témoignages clients constituent un puissant levier de confiance souvent sous-exploité. Leur collecte proactive et leur mise en valeur stratégique sur votre profil permettent de rassurer les clients potentiels sur la qualité de votre travail et votre professionnalisme. Les plateformes françaises accordent généralement un poids algorithmique significatif à ces évaluations sociales.

La cohérence visuelle de votre présence en ligne renforce considérablement votre crédibilité professionnelle. Votre photo de profil, vos bannières personnalisées et l'esthétique générale de votre présentation transmettent instantanément des signaux subtils mais puissants sur votre professionnalisme et votre attention aux détails.

Les algorithmes des plateformes françaises évaluent régulièrement votre niveau d'activité et d'engagement. Une présence sporadique vous pénalisera mécaniquement dans les classements de recherche. L'établissement d'une routine d'activité régulière, incluant la mise à jour de votre profil, les réponses aux sollicitations et la publication occasionnelle de contenu pertinent, stimulera significativement votre visibilité.

L'art du profil performant réside également dans sa capacité à filtrer implicitement les opportunités inadaptées. Un positionnement flou génère inévitablement des sollicitations mal alignées avec vos compétences ou vos attentes. À l'inverse, un profil stratégiquement ciblé attire naturellement des projets correspondant précisément à votre expertise et à vos aspirations professionnelles.

La différenciation constitue un défi majeur dans un marché de plus en plus concurrentiel. Sur Malt uniquement, certaines catégories comptent plusieurs milliers de profils similaires. Votre capacité à vous distinguer par un angle unique, une approche originale ou une combinaison distinctive de compétences déterminera largement votre visibilité et votre attractivité.

La mise à jour régulière de votre profil signale aux plateformes votre engagement actif et améliore votre positionnement algorithmique. Cette pratique témoigne également auprès des clients potentiels de votre attention constante à l'évolution de votre domaine d'expertise et de votre investissement professionnel.

Le multilinguisme représente un atout significatif mais souvent négligé sur le marché français. La capacité à proposer une version anglaise pertinente de votre profil vous ouvre aux opportunités internationales tout en valorisant cette compétence linguistique auprès des entreprises françaises travaillant dans un contexte global.

Dans les chapitres suivants, nous explorerons méthodiquement les stratégies d'optimisation spécifiques à chaque plateforme française majeure. Vous découvrirez comment adapter finement votre présence numérique aux particularités de Malt, Crème de la Crème, Codeur.com et autres plateformes incontournables de notre écosystème national.

Ces techniques éprouvées vous permettront non seulement d'augmenter quantitativement votre visibilité mais surtout d'améliorer qualitativement les opportunités qui vous parviendront. L'objectif ultime n'est pas simplement d'être vu par le plus grand nombre, mais d'être découvert par les clients idéaux pour votre expertise spécifique sur le marché français du freelancing.

2.1 Maîtriser l'Architecture du Profil Gagnant : Concevoir Votre Vitrine Numérique Optimale sur les Plateformes

2.1.1 Rédiger une Description de Profil Magnétique et Optimisée pour les Moteurs de Recherche des Plateformes Françaises

Votre description de profil représente votre carte de visite virtuelle, le premier contact substantiel entre vous et vos clients potentiels. Je me souviens encore de ma première tentative de rédaction sur Malt, un texte générique qui se perdait dans l'océan des freelances français. Six révisions plus tard, j'avais quintuplé mon taux de conversion visiteur/contact. Cette transformation n'était pas due au hasard mais à l'application méthodique de principes d'écriture magnétique que je vais vous révéler.

Les premiers instants de lecture déterminent souvent si le visiteur poursuivra l'exploration de votre profil ou passera au suivant. Sur Malt, les études internes révèlent que les recruteurs consacrent en moyenne 27 secondes à l'évaluation initiale d'un profil. Ce temps extrêmement court vous impose une clarté et une force d'impact immédiates dans votre présentation.

L'architecture idéale d'une description de profil gagnante sur les plateformes françaises s'articule autour de plusieurs composantes stratégiques :

- **L'accroche irrésistible** : phrase d'ouverture qui capte instantanément l'attention et donne envie de poursuivre la lecture
- **La proposition de valeur unique** : formulation claire de ce qui vous distingue des autres freelances dans votre domaine

- **La preuve sociale implicite** : éléments subtils qui suggèrent votre crédibilité et votre expertise reconnue
- **L'appel à l'action naturel** : invitation non agressive mais claire à entrer en contact avec vous

Les moteurs de recherche internes des plateformes françaises fonctionnent selon des algorithmes spécifiques qu'il convient de comprendre pour optimiser votre visibilité. Contrairement aux idées reçues, ces algorithmes ne se limitent pas à repérer des mots-clés isolés. Ils analysent également la densité lexicale, la cohérence sémantique et la pertinence contextuelle de votre description.

Le choix judicieux des mots-clés constitue la première étape d'une optimisation réussie. Pour les identifier avec précision, explorez méthodiquement les recherches populaires sur la plateforme cible. Sur Malt par exemple, entrez des termes génériques liés à votre domaine et observez les suggestions automatiques qui apparaissent. Ces propositions reflètent les requêtes fréquentes des clients et constituent une mine d'or pour votre stratégie lexicale.

La structure narrative de votre description mérite une attention particulière. Les plateformes françaises privilégient généralement les profils qui racontent une histoire cohérente plutôt que d'empiler des compétences techniques. Cette préférence s'enracine dans la culture française qui valorise le contexte, la logique et la progression des idées.

Pour créer une description véritablement magnétique, structurez votre récit professionnel selon ce modèle éprouvé :

1. **Introduction percutante** : présentez-vous et votre spécialité avec une formulation distinctive
2. **Problématique client** : évoquez les défis typiques que rencontrent vos clients idéaux

3. **Votre approche unique** : expliquez comment vous résolvez ces problèmes spécifiques
4. **Résultats concrets** : mentionnez les bénéfices tangibles que vos clients obtiennent
5. **Parcours professionnel** : résumez brièvement votre expertise et vos réalisations marquantes

L'optimisation SEO de votre profil doit rester naturelle et fluide. Une accumulation artificielle de mots-clés (keyword stuffing) sera pénalisée par les algorithmes modernes des plateformes françaises. J'ai constaté que la densité idéale se situe autour de 2-3% pour les termes principaux et 1-2% pour les termes secondaires, intégrés harmonieusement dans un texte qui reste avant tout humain et engageant.

La richesse sémantique constitue un facteur déterminant pour votre référencement. Les moteurs de recherche des plateformes françaises identifient non seulement vos mots-clés explicites mais aussi le champ lexical associé. Par exemple, un développeur React gagnera en visibilité en intégrant naturellement des termes comme "composants", "hooks", "JSX", "front-end" ou "applications dynamiques" dans sa description.

Le ton adopté dans votre description reflète directement votre personnalité professionnelle. Les clients français apprécient particulièrement l'authenticité et la transparence. Un style trop commercial ou exagérément promotionnel génère souvent de la méfiance. Privilégiez plutôt un ton confiant mais accessible, expert mais pédagogue, qui établit subtilement votre autorité sans arrogance.

L'art de l'accroche initiale peut transformer radicalement l'attractivité de votre profil. Sophie, graphiste freelance que j'accompagnais, a remplacé son introduction générique "Graphiste expérimentée avec 5 ans d'expérience" par "Je transforme vos idées abstraites en identités visuelles qui captivent instantanément votre audience cible". Cette reformulation a augmenté ses sollicitations de 43% en trois semaines.

La personnalisation sectorielle de votre description optimise votre pertinence pour des recherches ciblées. Si vous visez plusieurs industries, adaptez subtilement votre texte pour inclure les terminologies spécifiques à chaque secteur. Un consultant marketing pourrait mentionner "croissance e-commerce", "stratégie SaaS" ou "acquisition en B2B" pour couvrir différents segments tout en restant cohérent dans son offre globale.

La puissance des verbes d'action dynamise considérablement l'impact de votre description. Remplacez systématiquement les tournures passives ou les verbes faibles par des expressions énergiques. "Je peux vous aider à améliorer votre site" devient "Je propulse votre site web vers les premières positions Google grâce à mes stratégies SEO éprouvées".

L'intégration stratégique des preuves sociales renforce subtilement votre crédibilité sans paraître prétentieux. Plutôt que d'affirmer simplement "Je suis un excellent développeur", mentionnez "Les startups que j'accompagne réduisent typiquement leur time-to-market de 30%". Cette approche axée sur les résultats concrets confère une objectivité persuasive à votre description.

La dimension locale représente un atout majeur pour séduire la clientèle française. Votre compréhension du marché hexagonal, des spécificités culturelles et éventuellement des contraintes réglementaires nationales constitue une valeur ajoutée significative que votre description doit mettre en lumière subtilement mais explicitement.

Une structure visuelle aérée facilite considérablement la lecture de votre description. Les plateformes françaises permettent généralement l'utilisation de sauts de ligne, parfois de puces ou de caractères gras. Exploitez judicieusement ces éléments pour créer une hiérarchie visuelle claire qui guide naturellement le regard du lecteur vers vos points forts.

La longueur optimale varie selon les plateformes. Sur Malt, les descriptions de 1200-1500 caractères obtiennent généralement les meilleurs résultats, offrant suffisamment d'espace pour développer votre proposition tout en restant synthétique. Sur Codeur.com, des textes plus concis (800-1000 caractères) semblent privilégiés. Adaptez votre rédaction aux conventions spécifiques de chaque plateforme.

L'usage judicieux des émotions dans votre description peut transformer radicalement son pouvoir d'attraction. Les décisions d'achat, même dans un contexte B2B, restent fondamentalement émotionnelles puis justifiées rationnellement. Intégrez subtilement des déclencheurs émotionnels comme la frustration face à un problème ou la satisfaction d'une solution efficace.

La technique du "problem-agitate-solve" (problème-agitation-solution) fonctionne particulièrement bien dans les descriptions de profil. Identifiez clairement un défi que rencontrent vos clients potentiels, amplifiez légèrement les conséquences négatives de ce problème, puis présentez votre approche comme la solution idéale et accessible.

L'évolution régulière de votre description maintient sa pertinence et son efficacité. Je recommande une révision mensuelle incluant l'analyse des performances, l'ajustement des mots-clés et le rafraîchissement du contenu. Cette actualisation régulière signale également aux algorithmes des plateformes que votre profil reste actif et à jour.

Les termes à éviter méritent une attention particulière. Certaines expressions galvaudées comme "passionné", "expert", "innovant" ou "solution clé en main" sont tellement surexploitées qu'elles ont perdu leur impact et peuvent même nuire à votre crédibilité.

Privilégiez des formulations plus spécifiques et démontrez votre expertise plutôt que de la proclamer.

La relecture par un tiers objectif peut révéler des angles morts dans votre description. L'œil extérieur d'un collègue ou d'un mentor détectera les incohérences, les formulations maladroites ou les opportunités d'amélioration que la proximité avec votre propre texte vous empêche de percevoir.

La concordance entre votre description et le reste de votre profil renforce votre cohérence globale. Vos compétences listées, vos réalisations présentées et vos témoignages clients doivent naturellement confirmer et illustrer les promesses formulées dans votre description principale. Cette harmonie développe un sentiment de confiance chez le visiteur.

Les plateformes françaises offrent généralement des champs spécifiques complémentaires à votre description principale. Sur Malt, le champ "Pourquoi me choisir" constitue une opportunité précieuse de renforcer votre proposition unique avec des arguments ciblés. Sur Codeur.com, la section "Présentation rapide" demande une synthèse percutante de votre offre en quelques lignes.

L'optimisation mobile de votre description devient cruciale alors que près de 60% des premières consultations de profils sur les plateformes françaises s'effectuent désormais depuis un smartphone. Cette réalité impose une structure encore plus aérée, des paragraphes plus courts et une accroche instantanément visible sans nécessité de scroller.

Votre description doit évoluer avec votre parcours freelance. Un débutant mettra davantage l'accent sur sa formation, sa motivation et son potentiel, tandis qu'un profil expérimenté s'appuiera principalement sur ses réalisations passées et les résultats obtenus pour ses clients. Cette adaptation progressive maintient l'authenticité et la pertinence de votre présentation.

2.1.2 Sélectionner et Mettre en Scène un Portfolio Impactant qui Prouve Concrètement Votre Savoir-Faire Unique

Votre portfolio représente bien plus qu'un simple recueil de travaux passés. Il s'agit d'une vitrine stratégique capable de transformer un prospect hésitant en client convaincu. Lors de mes premières années en freelance, je considérais naïvement cette composante comme secondaire. Cette erreur m'a coûté plusieurs contrats majeurs face à des concurrents dont les compétences techniques n'égalaient pas les miennes, mais dont le portfolio racontait une histoire convaincante.

La différence entre un portfolio ordinaire et un portfolio irrésistible réside dans sa capacité à démontrer concrètement la valeur que vous apportez. Sur les plateformes françaises comme Malt ou Codeur.com, les clients passent en moyenne moins de trois minutes à évaluer votre profil avant de décider s'ils vous contactent. Dans ce laps de temps critique, votre portfolio doit non seulement présenter vos réalisations, mais aussi prouver votre capacité à résoudre leurs problèmes spécifiques.

La sélection judicieuse des projets à inclure constitue la première étape cruciale. Une erreur fréquente consiste à présenter un catalogue exhaustif de toutes vos réalisations, diluant ainsi l'impact des travaux véritablement significatifs. Privilégiez systématiquement la qualité à la quantité. Mes clients les plus prospères limitent généralement leur portfolio à 5-7 projets soigneusement choisis qui illustrent parfaitement leur expertise distinctive.

Pour créer un portfolio véritablement percutant sur les plateformes françaises, concentrez-vous sur ces critères de sélection essentiels :

- **Pertinence stratégique** : choisissez des projets alignés avec les missions que vous souhaitez attirer à l'avenir
- **Diversité maîtrisée** : montrez votre polyvalence tout en maintenant une cohérence avec votre positionnement principal
- **Résultats mesurables** : privilégiez les projets dont vous pouvez quantifier l'impact pour le client (augmentation du trafic, conversion, gains de productivité)
- **Complexité technique** : incluez au moins un projet démontrant votre capacité à résoudre des problématiques avancées
- **Actualité** : assurez-vous que la majorité de vos exemples datent de moins de deux ans pour refléter votre expertise actuelle

La présentation visuelle de votre portfolio joue un rôle déterminant dans son efficacité. Les plateformes françaises offrent généralement des options limitées de mise en page, rendant d'autant plus importante l'organisation structurée de votre contenu. Une présentation soignée et professionnelle renforce instantanément la perception de votre expertise, même avant l'analyse détaillée de vos réalisations.

La narration stratégique transforme un simple catalogue de projets en un argumentaire commercial convaincant. Pour chaque projet présenté, construisez un récit complet qui guide le lecteur à travers ces éléments clés :

1. La problématique initiale du client (le défi à relever)
2. Votre approche unique pour résoudre cette problématique
3. Le processus de mise en œuvre (méthodologie, étapes clés)
4. Les résultats concrets obtenus et leur impact business
5. Les témoignages ou retours clients validant votre contribution

Les images parlent plus fort que les mots. Sélectionnez avec soin les visuels qui accompagnent chaque projet de votre portfolio. Pour un designer, cela semble évident, mais même pour des métiers moins visuels comme le développement ou le conseil, des captures d'écran pertinentes, des graphiques de performance ou des schémas explicatifs peuvent considérablement renforcer l'impact de votre présentation.

La preuve sociale joue un rôle amplificateur dans l'efficacité de votre portfolio. Nicolas, développeur fullstack que j'accompagne, a transformé son taux de conversion en intégrant systématiquement une brève citation du client pour chaque projet présenté. Cette simple pratique a augmenté ses prises de contact de 37% en seulement six semaines, le client potentiel étant rassuré par les expériences positives précédentes.

La structure narrative de votre portfolio doit créer un parcours logique pour votre visiteur. Commencez par votre projet le plus impressionnant pour capter immédiatement l'attention, puis organisez les suivants selon une progression cohérente qui renforce progressivement votre crédibilité et élargit la démonstration de vos compétences.

Les spécificités culturelles françaises méritent une attention particulière dans la construction de votre portfolio. Le marché français valorise traditionnellement la rigueur méthodologique et la profondeur intellectuelle. Expliquer brièvement votre démarche et les concepts sous-jacents à vos réalisations renforce considérablement votre crédibilité auprès des clients hexagonaux.

L'adaptation sectorielle de votre portfolio multiplie son efficacité. Si vous ciblez plusieurs industries, envisagez de créer des versions spécifiques mettant en avant les projets les plus pertinents pour chaque secteur. Sur Malt, cette approche peut être mise en œuvre grâce aux "Collections" qui permettent d'organiser vos réalisations par thématiques ou industries ciblées.

L'équilibre entre détail technique et clarté accessible représente un défi majeur. Un portfolio trop technique risque de perdre l'attention des décideurs non-techniques, tandis qu'une présentation trop simplifiée pourrait vous faire paraître superficiel aux yeux d'interlocuteurs experts. La solution réside dans une structure en couches permettant différents niveaux de lecture.

Marie, designer UX que j'ai accompagnée, a brillamment résolu ce dilemme en structurant chaque étude de cas de son portfolio selon ce modèle efficace :

- **Résumé exécutif** : synthèse concise du projet et de ses résultats (pour les décideurs pressés)
- **Contexte et défis** : présentation approfondie de la problématique et des enjeux (pour comprendre la complexité)
- **Approche méthodologique** : explication de sa démarche et des outils utilisés (pour les lecteurs techniques)
- **Résultats et impact** : présentation des livrables et de leur valeur ajoutée (pour tous les lecteurs)

Les mots-clés pertinents doivent être stratégiquement intégrés dans les descriptions de vos projets. Cette pratique améliore non seulement votre référencement interne sur les plateformes, mais renforce également la pertinence perçue de votre profil lorsqu'un client recherche une expertise spécifique.

La mise à jour régulière de votre portfolio maintient sa pertinence et son attractivité. Je recommande une révision trimestrielle pour intégrer vos projets les plus récents et retirer progressivement les réalisations devenues obsolètes ou moins représentatives de votre positionnement actuel. Cette discipline simple signale votre activité continue et l'évolution de votre expertise.

L'approfondissement stratégique de certains projets phares amplifie votre crédibilité. Plutôt que de présenter dix projets superficiellement, choisissez d'en développer trois ou quatre de manière approfondie, en détaillant votre approche, les défis rencontrés et les solutions innovantes apportées. Cette démonstration de profondeur rassure le client sur votre capacité à gérer la complexité.

La personnalité distinctive de votre portfolio le rend mémorable dans l'esprit des prospects. Sans compromettre le professionnalisme, intégrez des éléments qui reflètent votre style unique et votre approche singulière. Cette authenticité crée une connexion émotionnelle avec le client potentiel, augmentant significativement vos chances d'être contacté.

La cohérence entre votre portfolio et le reste de votre profil renforce votre positionnement global. Assurez-vous que les compétences mises en avant dans votre description principale se reflètent concrètement dans les projets présentés. Cette alignement parfait crée une impression de solidité professionnelle particulièrement valorisée sur le marché français.

L'accessibilité technique de votre portfolio mérite une attention particulière. Sur les plateformes comme Codeur.com ou Malt, vérifiez systématiquement que vos images se chargent rapidement, que vos liens externes fonctionnent parfaitement et que votre présentation reste optimale sur mobile. Ces détails techniques, souvent négligés, peuvent faire toute la différence dans l'expérience de vos visiteurs.

La diversification des formats enrichit considérablement l'impact de votre portfolio. Au-delà des images statiques, explorez l'intégration de vidéos courtes, de présentations interactives ou de témoignages audio lorsque les plateformes le permettent. Cette variété maintient l'engagement du visiteur tout en démontrant votre maîtrise des formats modernes de communication.

La démonstration de progression dans vos projets successive témoigne de votre capacité d'apprentissage et d'évolution. N'hésitez pas à inclure un projet plus ancien suivi d'une réalisation récente dans le même domaine, illustrant ainsi le développement de votre expertise et votre engagement dans l'amélioration continue.

2.2 Déployer des Stratégies d'Optimisation Ciblées pour les Plateformes Françaises Leaders (Malt, Codeur.com)

2.2.1 Décoder les Algorithmes et Appliquer les Bonnes Pratiques de Visibilité sur Malt et Crème de la Crème

Les algorithmes qui régissent votre visibilité sur Malt et Crème de la Crème fonctionnent comme des gardiens silencieux mais puissants. Ces mécanismes complexes déterminent qui sera présenté en premier aux clients potentiels, orchestrant indirectement votre succès sur ces plateformes. Lors de mes premières semaines sur Malt, je stagnais en page 3 des résultats de recherche pour ma spécialité, quasiment invisible pour les clients. Cette expérience m'a poussé à décrypter méticuleusement les rouages internes de ces plateformes.

Malt, avec ses 350 000+ freelances inscrits, utilise un algorithme sophistiqué qui évalue votre profil selon multiples critères interdépendants. Contrairement aux idées reçues, cet algorithme ne se contente pas de classer les profils chronologiquement ou alphabétiquement. Il intègre un système complexe de score de pertinence qui détermine votre positionnement dans les résultats de recherche.

Les facteurs de classement sur Malt s'articulent autour de plusieurs dimensions clés que j'ai identifiées après de nombreux tests et analyses :

- **Qualité et complétude du profil** : remplissage exhaustif de tous les champs disponibles, cohérence globale, pertinence des informations

- **Taux de réponse et réactivité** : vitesse à laquelle vous répondez aux sollicitations, pourcentage de messages auxquels vous donnez suite
- **Qualité des recommandations** : nombre, pertinence et enthousiasme des avis clients
- **Taux de conversion** : proportion de discussions qui se transforment en missions validées
- **Activité récente** : fréquence de connexion, mises à jour du profil, interactions avec la plateforme

La complétude de votre profil joue un rôle prépondérant dans l'algorithme de Malt. Chaque section laissée vide ou partiellement remplie diminue significativement votre score global. J'ai constaté qu'un profil rempli à 100% (incluant compétences, formation, expériences, portfolio, disponibilité) bénéficie d'un boost de visibilité d'environ 30% par rapport à un profil complété à 80%.

Le système de pertinence sémantique de Malt analyse minutieusement la correspondance entre les termes utilisés dans votre profil et ceux employés par les clients dans leurs recherches. Cette analyse va au-delà du simple matching de mots-clés pour évaluer la cohérence contextuelle de votre proposition. J'ai personnellement augmenté mon taux d'apparition dans les résultats pertinents de 45% en alignant précisément mon vocabulaire avec celui couramment utilisé par mes clients cibles.

Pour maximiser votre score algorithmique sur Malt, appliquez ces stratégies d'optimisation éprouvées :

1. **Actualisez régulièrement votre profil** : chaque modification substantielle signale à l'algorithme que votre profil reste actif et pertinent
2. **Répondez systématiquement aux messages** : même un simple "Non merci, cette mission ne correspond pas à mon expertise" améliore votre score de réactivité

3. **Sollicitez activement des recommandations** : privilégiez la qualité à la quantité, un avis détaillé et sincère vaut mieux que dix évaluations génériques
4. **Maintenez une activité régulière** : connectez-vous au moins trois fois par semaine, l'algorithme favorise les profils actifs
5. **Soignez vos médias visuels** : photo professionnelle et portfolio de qualité augmentent significativement votre taux de clic

La géolocalisation influence considérablement votre visibilité sur Malt. L'algorithme tend à favoriser les freelances situés à proximité du client, particulièrement pour certaines catégories de missions nécessitant des interactions physiques. Si vous travaillez exclusivement à distance, précisez explicitement votre capacité à collaborer efficacement sans présence physique.

Crème de la Crème, positionnée sur le segment premium du marché français, emploie un algorithme distinct avec ses propres spécificités. Cette plateforme sélective privilégie l'excellence du parcours et la pertinence sectorielle plutôt que la simple activité sur la plateforme. Mon analyse révèle que leur système de matching accorde une importance capitale à vos expériences précédentes dans le secteur spécifique du client.

Pour optimiser votre profil sur Crème de la Crème, ces facteurs s'avèrent déterminants :

- **Preuves d'expertise sectorielle** : démontrez clairement votre connaissance approfondie des industries spécifiques
- **Parcours académique et professionnel** : valorisez vos formations prestigieuses et vos expériences chez des employeurs reconnus
- **Niveau de séniorité** : mettez en avant votre expérience substantielle si vous visez des missions stratégiques
- **Unicité de votre proposition** : articulez ce qui vous distingue des autres profils similaires

- **Disponibilité précise** : indiquez vos plages de disponibilité avec exactitude pour améliorer votre matching avec les besoins clients

Le processus de curation humaine constitue une particularité de Crème de la Crème. Contrairement à Malt où l'algorithme règne en maître, cette plateforme combine automation et validation par des experts qui évaluent la qualité des profils. Cette dimension humaine impose une attention particulière à l'impression générale que dégage votre profil au-delà des simples critères techniques.

Les mises à jour régulières du profil ne jouent pas un rôle aussi crucial sur Crème de la Crème que sur Malt. L'algorithme privilégie la stabilité et la constance de votre expertise plutôt que l'activité récente. Une mise à jour trimestrielle suffit généralement à maintenir votre pertinence, contrairement à Malt qui valorise des interactions hebdomadaires.

Le système de tags et de compétences fonctionne différemment sur ces deux plateformes. Sur Malt, multipliez stratégiquement les compétences pertinentes pour apparaître dans un maximum de recherches connexes. Sur Crème de la Crème, privilégiez plutôt une sélection plus restreinte mais parfaitement alignée avec votre expertise principale pour renforcer votre positionnement expert.

L'indicateur de disponibilité influence fortement votre visibilité immédiate. Les algorithmes des deux plateformes favorisent naturellement les profils indiqués comme disponibles rapidement. Sur Malt, un statut "Disponible maintenant" peut augmenter votre visibilité jusqu'à 60% pour les clients recherchant des interventions urgentes. Maintenez cet indicateur rigoureusement à jour pour éviter d'être contacté lorsque vous n'êtes pas réellement disponible, ce qui dégraderait votre score de pertinence.

Le processus de demande de mission sur Malt mérite une attention particulière. Lorsque vous postulez à une mission publique, la qualité et la personnalisation de votre réponse influencent directement votre score d'engagement. Les réponses génériques ou copier-coller sont facilement détectées par l'algorithme et pénalisées. J'investis systématiquement 15-20 minutes pour personnaliser chaque candidature, citant spécifiquement des éléments du brief client.

Les interactions client après le premier contact impactent significativement votre classement futur. Sur Malt comme sur Crème de la Crème, le temps de réponse moyen, le taux de transformation discussion/mission et la qualité perçue de vos échanges alimentent votre score global. Instaurez une règle personnelle de réponse sous 4 heures pendant vos jours ouvrés pour maximiser ce critère.

La tarification influence indirectement votre visibilité algorithmique. Contrairement aux plateformes internationales favorisant les tarifs les plus bas, Malt et Crème de la Crème n'accordent pas de prime automatique aux freelances les moins chers. Néanmoins, un positionnement tarifaire cohérent avec votre niveau d'expérience et les standards de votre catégorie améliore votre taux de conversion, facteur clé dans l'algorithme.

Le paramétrage précis de vos préférences de mission optimise la pertinence des opportunités qui vous seront présentées. Sur Malt, renseignez méticuleusement la section "Types de missions recherchées" en sélectionnant les catégories exactes correspondant à votre expertise. Cette personnalisation améliore votre score de matching pour les recherches pertinentes tout en vous évitant d'apparaître dans des résultats inadaptés.

L'algorithme de Malt valorise particulièrement la régularité des missions effectuées sur la plateforme. Chaque mission complétée avec succès renforce votre positionnement pour des recherches similaires futures. Cette dynamique vertueuse explique pourquoi certains freelances moins expérimentés mais très actifs sur la plateforme peuvent parfois surpasser des experts reconnus mais moins présents sur Malt.

Le système de "Missions Similaires" sur Malt représente une opportunité souvent négligée. Après avoir postulé à une mission, l'algorithme vous suggère automatiquement d'autres opportunités comparables. Ces suggestions bénéficient d'un score de pertinence préétabli qui augmente vos chances d'être remarqué. Consultez systématiquement cette section après chaque candidature.

Les périodes d'inactivité prolongée pénalisent sévèrement votre visibilité sur Malt. L'algorithme interprète une absence de connexion supérieure à trois semaines comme un désengagement potentiel. Si vous prévoyez une indisponibilité prolongée, utilisez la fonction "Mode Vacances" plutôt que de disparaître silencieusement. Cette option maintient votre profil visible tout en informant les clients de votre retour prochain.

Le système d'invitation directe sur Crème de la Crème fonctionne selon une logique distincte. La plateforme sélectionne manuellement les freelances pour certaines opportunités premium. Pour maximiser vos chances d'être choisi, soignez particulièrement la section "Secteurs d'expertise" et maintenez votre portfolio constamment à jour avec vos réalisations les plus impressionnantes et pertinentes.

La croissance organique de votre visibilité s'accélère avec le temps si vous respectez ces principes. Chaque interaction positive sur la plateforme renforce votre position algorithmique, créant un cercle vertueux. Mes propres statistiques montrent que mes apparitions dans les résultats de recherche ont augmenté de 230% après six mois d'application rigoureuse de ces stratégies sur Malt.

Contrairement aux idées reçues, la notoriété hors-plateforme influence indirectement votre visibilité sur Malt et Crème de la Crème. Bien que non directement intégrée à l'algorithme, votre présence professionnelle sur LinkedIn ou votre site personnel augmente les chances que des clients vous recherchent nommément, signal particulièrement valorisé par les algorithmes.

Le travail d'optimisation de votre profil représente un investissement initial conséquent qui génère des dividendes croissants avec le temps. Les deux à trois heures consacrées chaque semaine à affiner votre présence sur ces plateformes constituent l'un des meilleurs retours sur investissement de votre activité freelance.

2.2.2 Amplifier Votre Présence et Votre Attractivité sur Codeur.com, Redacteur.com, et Graphiste.com

Codeur.com représente une plateforme incontournable du paysage freelance français, particulièrement pour les profils techniques et créatifs. Contrairement à Malt qui valorise principalement l'expertise et les recommandations, Codeur.com fonctionne davantage sur un modèle d'appels d'offres où la réactivité et la pertinence des réponses jouent un rôle crucial. J'ai personnellement testé différentes approches sur cette plateforme avant de découvrir les leviers qui génèrent véritablement des résultats.

La première impression visuelle sur Codeur.com détermine souvent votre crédibilité initiale. Un trop grand nombre de freelances négligent cet aspect fondamental, se contentant d'un avatar générique ou d'une photo de mauvaise qualité. Mon taux de conversion a augmenté de 22% simplement après avoir investi dans une photo professionnelle et créé un visuel cohérent avec mon positionnement. Cette amélioration ne nécessite pas forcément un budget conséquent, juste une attention particulière à l'image que vous projetez.

Le système d'enchères inversées caractéristique de Codeur.com exige une stratégie spécifique pour se démarquer efficacement. Contrairement aux idées reçues, proposer systématiquement les tarifs les plus bas s'avère rarement gagnant sur le long terme. Cette plateforme attire certes des clients attentifs aux coûts, mais ils recherchent avant tout un équilibre optimal entre prix et qualité perçue.

Pour maximiser votre attractivité sur Codeur.com, appliquez ces tactiques éprouvées :

- **Personnalisation poussée des messages** : adaptez précisément chaque proposition au projet spécifique, démontrant votre compréhension unique des enjeux
- **Réactivité immédiate** : répondez aux nouvelles opportunités dans les premières heures, idéalement dans les 30 minutes suivant leur publication
- **Proposition structurée** : utilisez des titres, des listes à puces et des espaces pour faciliter la lecture rapide de votre offre
- **Exemples pertinents** : intégrez des liens vers des réalisations similaires au projet concerné
- **Questions stratégiques** : posez 2-3 questions pertinentes montrant votre expertise et votre réflexion approfondie

La section portfolio sur Codeur.com mérite une attention toute particulière car elle constitue souvent le facteur décisif après votre proposition initiale. La plateforme limite ce portfolio à 10 réalisations, vous obligeant à une sélection stratégique. J'ai constaté qu'une diversité maîtrisée fonctionne mieux qu'une hyperspécialisation trop étroite, tout en maintenant une cohérence globale avec votre positionnement principal.

Les avis clients jouent un rôle déterminant dans l'algorithme de mise en avant des profils sur Codeur.com. La plateforme accorde une importance considérable à ces évaluations, tant sur leur nombre que sur leur qualité. Pour développer rapidement cette dimension cruciale, envisagez de commencer par quelques projets à tarif compétitif dans le but explicite d'obtenir vos premières références qualitatives. Cette approche stratégique s'avère particulièrement efficace pour les nouveaux venus sur la plateforme.

Redacteur.com cible spécifiquement les professionnels de l'écriture et présente des mécanismes distincts qu'il convient de maîtriser pour s'y démarquer. Cette plateforme évalue les rédacteurs selon un système de niveau (débutant, confirmé, expert) qui détermine largement vos opportunités et votre tarification potentielle. L'accession aux niveaux supérieurs nécessite une stratégie délibérée basée sur la qualité constante et la spécialisation progressive.

Le test d'entrée de Redacteur.com constitue la première barrière à franchir. Contrairement à d'autres plateformes plus ouvertes, Redacteur.com filtre les candidats via une évaluation qui mesure vos compétences rédactionnelles, votre maîtrise grammaticale et votre capacité à suivre des instructions précises. La préparation minutieuse à cette étape initiale conditionne votre accès à l'écosystème entier de la plateforme.

Pour gravir rapidement les échelons sur Redacteur.com, priorisez ces actions :

1. Maintenez une qualité irréprochable sur chaque livraison, même pour les projets mineurs
2. Respectez scrupuleusement les délais, même serrés
3. Spécialisez-vous progressivement dans 2-3 niches porteuses (finance, santé, technologie)
4. Demandez explicitement des évaluations positives à vos clients satisfaits
5. Participez activement aux appels d'offres dans vos domaines d'expertise

La visibilité sur Redacteur.com se construit également par la production de contenus exemplaires qui circulent au sein de l'écosystème. Plusieurs rédacteurs que j'accompagne ont significativement augmenté leur notoriété sur la plateforme en créant des articles de blog substantiels démontrant leur expertise. Ces contenus, souvent partagés par les clients satisfaits, fonctionnent comme de puissants ambassadeurs de votre savoir-faire.

Graphiste.com attire une communauté créative exigeante et nécessite une approche spécifique centrée sur l'impact visuel immédiat de votre profil. Sur cette plateforme, l'esthétique de votre portfolio joue un rôle encore plus déterminant que sur les autres. L'attention des visiteurs se concentre d'abord sur vos créations avant même la lecture de votre description ou l'analyse de vos tarifs.

La diversification stratégique de votre portfolio sur Graphiste.com amplifie considérablement votre attractivité. Les clients de cette plateforme apprécient particulièrement les freelances capables de maîtriser plusieurs aspects du design tout en démontrant une signature visuelle reconnaissable. Cette dualité entre polyvalence et identité distinctive représente un équilibre subtil que peu de graphistes parviennent à atteindre efficacement.

Pour optimiser votre visibilité sur Graphiste.com, structurez votre portfolio selon ces principes efficaces :

- **Hiérarchisation stratégique** : placez votre réalisation la plus impressionnante en première position pour créer un impact immédiat
- **Cohérence narrative** : organisez vos projets pour raconter une histoire progressive de vos compétences
- **Contextualisation des projets** : expliquez brièvement le brief client et les défis relevés pour chaque réalisation
- **Mise en valeur des résultats** : mentionnez l'impact commercial ou communicationnel obtenu quand c'est possible
- **Actualisation régulière** : remplacez systématiquement vos créations les plus anciennes par des projets récents

La tarification intelligente sur ces trois plateformes nécessite une compréhension fine des attentes spécifiques à chaque écosystème.

Codeur.com attire des clients plus sensibles au prix mais valorisant la qualité technique. Redacteur.com permet une progression tarifaire liée à votre niveau et vos spécialisations. Graphiste.com accueille une clientèle prête à investir davantage pour des créations distinctives et personnalisées.

Les périodes d'activité optimales varient significativement entre ces plateformes. Mes analyses révèlent que Codeur.com connaît un pic d'opportunités en début de semaine (lundi-mardi), tandis que Redacteur.com reste plus régulier tout au long de la semaine. Graphiste.com présente une saisonnalité plus marquée, avec des périodes particulièrement actives en septembre-octobre et janvier-février. Cette connaissance vous permet d'adapter votre rythme de prospection pour maximiser votre efficacité.

L'optimisation de votre profil pour les moteurs de recherche internes de ces plateformes suit des logiques distinctes. Sur Codeur.com, privilégiez les compétences techniques précises et les technologies maîtrisées. Sur Redacteur.com, mettez l'accent sur vos domaines de spécialisation thématiques et vos formats d'écriture. Sur Graphiste.com, intégrez des termes liés aux styles graphiques et aux industries pour lesquelles vous avez déjà travaillé.

La communication proactive avec les clients potentiels joue un rôle déterminant sur ces plateformes. Répondre rapidement et de manière personnalisée aux questions préliminaires augmente considérablement vos chances de conversion. J'ai personnellement constaté une corrélation directe entre mon temps de réponse moyen et mon taux de transformation proposition/contrat, particulièrement sur Codeur.com où la réactivité constitue un critère de sélection majeur.

L'abonnement premium sur Codeur.com (29€ HT/mois) mérite une évaluation stratégique selon votre stade de développement. Cet investissement se justifie principalement lorsque vous avez déjà optimisé tous les aspects gratuits de votre profil et que vous disposez d'un portfolio convaincant. Les fonctionnalités payantes vous permettent alors d'accéder prioritairement aux nouveaux projets et de multiplier vos propositions, amplifiant mécaniquement vos opportunités.

La participation active aux communautés intégrées à ces plateformes renforce subtilement votre visibilité algorithmique. Codeur.com et Graphiste.com proposent des forums et espaces d'échange où votre contribution régulière signale votre engagement dans l'écosystème. Cette activité périphérique, bien que chronophage, peut significativement améliorer votre positionnement global sur ces plateformes.

L'analyse régulière de vos statistiques de profil vous permet d'affiner continuellement votre approche. Chacune de ces plateformes propose des indicateurs spécifiques : taux de clic sur votre profil, taux de réponse aux propositions, ratio de conversion, notation moyenne. Ces données objectives constituent votre tableau de bord stratégique pour identifier vos forces à valoriser et vos faiblesses à corriger.

La complémentarité entre ces plateformes spécialisées crée des synergies puissantes lorsqu'elle est exploitée intelligemment. Un graphiste présent simultanément sur Codeur.com et Graphiste.com peut orienter stratégiquement les types de missions recherchées sur chaque plateforme, évitant ainsi la cannibalisation tout en maximisant sa couverture du marché freelance français.

3. Activer Votre Prospection : Attirez et Convertissez Vos Premiers Clients Qualifiés en France

La prospection représente le moteur vital de toute activité freelance épanouissante. Vous pourriez posséder les compétences techniques les plus pointues et le profil le plus attractif des plateformes françaises, sans une stratégie de prospection efficace, ces atouts resteront largement inexploités. Lors de mes premiers mois en tant qu'indépendant, cette réalité m'a frappé avec la force d'une évidence douloureuse.

Le marché français du freelancing présente des particularités culturelles qui influencent directement vos démarches de prospection. Ma propre expérience m'a enseigné que la simple transposition des techniques anglo-saxonnes s'avère souvent peu productive sur notre territoire. Les décideurs français valorisent particulièrement la relation personnelle, la compréhension fine du contexte local et la démonstration subtile d'expertise plutôt que l'auto-promotion directe.

Attirer des clients qualifiés exige une approche multidimensionnelle et cohérente. Contrairement à l'idée reçue selon laquelle les plateformes devraient générer automatiquement un flux régulier d'opportunités, j'ai rapidement compris que les freelances prospères combinent plusieurs canaux d'acquisition complémentaires. Cette diversification stratégique vous protège contre les fluctuations inhérentes à chaque source et amplifie votre présence globale sur le marché.

Votre réseau personnel et professionnel constitue souvent le terreau le plus fertile pour vos premières missions. Pourtant, de nombreux freelances débutants négligent ce gisement d'opportunités par crainte de paraître opportunistes ou par sous-estimation de sa valeur potentielle. J'ai personnellement démarré mon activité indépendante grâce à trois missions issues de mon cercle professionnel antérieur, établissant ainsi les bases solides de ma réputation.

La prospection active sur les plateformes françaises requiert une méthodologie structurée et une discipline quotidienne. Chaque matin, j'investis systématiquement 45 minutes à scanner les nouvelles opportunités, analyser leur pertinence et formuler des propositions personnalisées. Cette routine rigoureuse, maintenue même en périodes d'activité intense, garantit un pipeline commercial constamment alimenté et prévient les dangereuses périodes creuses.

Les techniques de prospection efficaces sur le marché français s'articulent autour de plusieurs canaux complémentaires :

- **Optimisation proactive sur les plateformes** : recherche quotidienne d'opportunités, candidatures personnalisées, suivi systématique
- **Activation stratégique du réseau** : sollicitation ciblée, participation aux événements sectoriels, engagement dans les communautés professionnelles
- **Création de contenu à valeur ajoutée** : articles spécialisés, webinaires thématiques, études de cas démontrant votre expertise spécifique
- **Stratégie d'inbound marketing** : référencement naturel, présence qualitative sur LinkedIn, collaborations avec des influenceurs sectoriels
- **Partenariats complémentaires** : alliances avec d'autres freelances aux compétences complémentaires pour des recommandations croisées

La qualité de vos propositions commerciales détermine largement votre taux de conversion. Au-delà du simple devis technique, une proposition percutante démontre votre compréhension profonde des enjeux business sous-jacents et présente votre intervention comme un investissement rentable plutôt qu'une simple dépense. Cette approche centrée sur la valeur ajoutée distingue immédiatement les freelances occasionnels des véritables partenaires stratégiques.

La négociation représente souvent une phase délicate pour les indépendants français. Notre culture nationale entretient une relation parfois complexe avec l'argent, générant des inhibitions lors des discussions tarifaires. J'ai personnellement transformé ma perception de cette étape en la considérant non comme une confrontation mais comme un processus d'alignement mutuel visant à établir une collaboration équilibrée et durable.

L'art de la qualification des prospects économise une énergie précieuse et optimise vos chances de succès. Tous les clients potentiels ne méritent pas le même investissement de votre part. J'ai développé au fil du temps une grille d'évaluation rapide me permettant d'identifier les opportunités réellement prometteuses et d'ajuster mon niveau d'engagement en conséquence.

Les indicateurs clés de qualification client incluent plusieurs dimensions essentielles :

1. Budget disponible et adéquation avec votre positionnement tarifaire
2. Clarté du besoin exprimé et capacité à fournir un brief structuré
3. Processus décisionnel transparent et interlocuteurs clairement identifiés
4. Délais réalistes et compatibles avec vos contraintes de planning
5. Valeurs professionnelles alignées avec les vôtres

La construction progressive d'un flux d'opportunités qualifiées transforme radicalement votre expérience du freelancing. Mes premières semaines d'activité indépendante étaient caractérisées par une anxiété constante liée à l'incertitude des revenus futurs. L'établissement d'un pipeline commercial structuré a progressivement remplacé cette insécurité par une confiance sereine dans ma capacité à générer un revenu stable.

Le syndrome de l'imposteur frappe particulièrement les freelances lors des phases de prospection. Cette voix intérieure qui questionne votre légitimité peut saborder subtilement vos démarches commerciales. J'ai surmonté ce blocage en documentant systématiquement mes réussites, témoignages clients et compétences validées, créant ainsi un "dossier de preuves" auquel me référer dans les moments de doute.

L'équilibre subtil entre personnalisation et industrialisation de votre prospection mérite une attention particulière. Chaque proposition doit paraître unique aux yeux du client tout en s'appuyant sur des éléments standardisés pour optimiser votre productivité. J'ai progressivement constitué une bibliothèque de modèles adaptables couvrant diverses situations commerciales, réduisant considérablement le temps consacré à la rédaction de propositions tout en maintenant un niveau élevé de pertinence.

La gestion des objections client constitue une compétence distinctive des freelances performants. Plutôt que de les percevoir comme des obstacles, j'ai appris à considérer ces résistances comme des opportunités précieuses de clarification et d'approfondissement du besoin réel. Cette posture constructive transforme potentiellement un "non" initial en "oui" réfléchi et engagé.

Le suivi commercial méthodique multiplie significativement vos chances de conversion. La majorité des freelances abandonnent après un ou deux contacts infructueux, alors que les études montrent qu'en moyenne 5 à 7 interactions sont nécessaires avant une décision positive. Mon système de relances planifiées, toujours porteuses de valeur ajoutée, maintient le dialogue ouvert sans paraître intrusif ou désespéré.

La mesure rigoureuse de vos actions de prospection permet d'identifier les canaux les plus performants et d'optimiser progressivement votre investissement temps/énergie. Mon tableau de bord commercial simple mais efficace suit quatre indicateurs fondamentaux : nombre de contacts initiés, taux de réponse, taux de conversion en proposition et taux de transformation en mission. Cette analyse quantitative révèle rapidement vos leviers d'amélioration prioritaires.

L'adaptation culturelle de votre approche commerciale représente un avantage compétitif majeur sur le marché français. Nos spécificités nationales, comme l'importance accordée à la formation académique, la valorisation de l'expertise technique ou la sensibilité aux références prestigieuses, doivent être intégrées finement dans votre communication commerciale pour maximiser son impact.

Le développement d'une "machine à recommandations" constitue l'objectif ultime de toute stratégie de prospection mature. Après deux années d'efforts constants, j'ai atteint ce point d'inflexion où plus de 70% de mes nouveaux clients proviennent désormais de recommandations qualifiées. Cette dynamique vertueuse réduit considérablement l'énergie consacrée à la prospection tout en augmentant significativement la qualité des projets et des relations professionnelles.

Les chapitres suivants exploreront méthodiquement chaque dimension de cette alchimie commerciale. Vous découvrirez comment activer stratégiquement votre réseau existant, mettre en place une veille concurrentielle efficace, rédiger des propositions commerciales magnétiques et maîtriser l'art subtil de la négociation gagnant-gagnant. Ces compétences, souvent négligées dans les formations techniques, constituent pourtant le véritable moteur de votre réussite en tant que freelance sur le marché français.

3.1 Développer Votre Réseau Professionnel et Vos Méthodes de Prospection Proactive Efficaces

3.1.1 Activer Votre Réseau Existant et Tisser de Nouvelles Connexions Stratégiques sur le Territoire Français

Le véritable potentiel de votre réseau existant reste souvent inexploité. Derrière les contacts que vous considérez peut-être comme ordinaires se cachent des opportunités exceptionnelles pour votre activité freelance. Je me souviens encore de ma surprise quand mon premier contrat à 4000€ est arrivé non pas d'une plateforme sophistiquée, mais d'un ancien camarade de promotion avec qui je partageais occasionnellement des publications LinkedIn.

Votre cercle proche constitue votre premier cercle d'influence naturel. Famille, amis et anciennes relations professionnelles représentent un vivier de connexions authentiques qui peuvent déclencher un effet boule de neige remarquable pour votre activité. Ces personnes vous connaissent déjà, vous font confiance et sont généralement disposées à vous aider dans votre nouvelle aventure professionnelle.

L'activation stratégique de ce réseau existant nécessite une approche structurée et progressive que j'ai personnellement testée avec succès :

- **Cartographie complète** : répertoriez systématiquement tous vos contacts par catégories (anciens collègues, relations universitaires, cercle amical, réseau associatif)
- **Évaluation du potentiel** : identifiez pour chaque personne son secteur d'activité, sa position actuelle et son degré d'influence potentielle

- **Planification des approches** : élaborez une stratégie de contact personnalisée pour chaque segment de votre réseau
- **Communication ciblée** : préparez des messages spécifiques qui respectent votre relation existante tout en présentant clairement votre nouvelle activité

La crainte d'apparaître opportuniste freine souvent les freelances débutants dans cette démarche d'activation. Cette appréhension, je l'ai ressentie intensément lors de mes premiers pas. Pourtant, l'expérience m'a enseigné que les personnes qui vous apprécient sont généralement heureuses de pouvoir vous aider ou vous recommander, à condition que votre approche soit authentique et valorisante pour elles.

La technique de l'annonce officielle fonctionne remarquablement bien pour formaliser votre transition vers le freelancing auprès de votre réseau. Un message soigneusement rédigé, partagé sur vos réseaux sociaux et envoyé individuellement à vos contacts clés, marque symboliquement le début de votre nouvelle aventure professionnelle et invite naturellement votre entourage à y participer.

Les éléments essentiels d'une annonce efficace comprennent :

1. Une introduction personnelle rappelant votre parcours antérieur
2. L'explication claire de votre décision de devenir freelance
3. La description précise de vos services et de votre offre distinctive
4. Une invitation ouverte à échanger avec ceux qui pourraient être intéressés
5. Une demande explicite mais courtoise de partage auprès de leurs propres réseaux

La valeur ajoutée systématique transforme radicalement l'efficacité de vos démarches de réseautage. Plutôt que de demander directement de l'aide, proposez d'abord quelque chose d'utile à votre interlocuteur. Cette approche du "donnant-donnant" crée naturellement un sentiment de réciprocité qui favorisera ultérieurement les recommandations en votre faveur.

Ma cliente Sophie a brillamment illustré cette stratégie. Avant de mentionner son activité de consultante SEO, elle envoyait à ses contacts un mini-audit gratuit de leur site web avec trois suggestions d'amélioration. Cette approche généreuse lui a permis de convertir près de 30% de ces interactions en missions payantes ou en recommandations qualifiées.

La participation active aux communautés professionnelles françaises constitue un levier puissant pour développer votre réseau. Des groupes comme La Fabrique du Freelance, Freelances en France ou les communautés sectorielles regorgent d'opportunités de connexion avec des pairs et des clients potentiels. Ces espaces permettent d'établir votre crédibilité par le partage d'expertise avant même de proposer explicitement vos services.

La cartographie des cercles d'influence au sein du marché français vous permet d'orienter stratégiquement vos efforts de réseautage. Identifiez les personnes qui, par leur position ou leur rayonnement, peuvent vous connecter à de multiples opportunités. Ces "super-connecteurs" démultiplieront l'impact de vos démarches de prospection par leur propre réseau étendu.

Les événements professionnels physiques conservent une importance capitale dans la culture d'affaires française. Salons sectoriels, conférences spécialisées, meetups thématiques ou ateliers collaboratifs constituent des occasions privilégiées pour établir des relations authentiques. Ma propre expérience confirme que les connexions initiées en présentiel se transforment plus facilement en collaborations concrètes que celles restées purement virtuelles.

Pour maximiser l'efficacité de votre présence lors d'un événement professionnel, suivez cette méthode structurée que j'ai perfectionnée au fil des années :

- **Préparation ciblée** : identifiez à l'avance 3-5 personnes clés que vous souhaitez absolument rencontrer
- **Objectifs clairs** : définissez précisément ce que vous espérez obtenir de chaque interaction (information, contact, rendez-vous ultérieur)
- **Pitch personnalisé** : adaptez votre présentation en fonction de l'interlocuteur et du contexte de l'événement
- **Documentation mémorable** : préparez une carte de visite ou un support digital qui vous distingue des autres participants
- **Suivi systématique** : planifiez un contact de suivi dans les 48h suivant l'événement pour consolider la relation naissante

La création délibérée de contenu à valeur ajoutée représente un puissant accélérateur de votre visibilité professionnelle. Articles spécialisés, analyses sectorielles, études de cas ou témoignages d'expertise positionnent naturellement votre profil comme une référence dans votre domaine. Cette stratégie d'attraction génère des connexions qualifiées qui vous identifient d'emblée comme expert.

LinkedIn s'impose comme la plateforme incontournable du networking professionnel en France. Son utilisation stratégique transcende largement la simple collection de contacts. Une présence qualitative sur ce réseau implique une activité régulière, un partage de contenus pertinents et une participation constructive aux conversations de votre écosystème professionnel.

Pour optimiser votre profil LinkedIn en vue du développement de votre activité freelance, concentrez-vous sur ces éléments fondamentaux :

1. Une photo professionnelle mais approchable qui inspire confiance
2. Un titre accrocheur qui présente clairement votre proposition de valeur
3. Un résumé captivant qui raconte votre parcours et explicite votre offre
4. Des recommandations qualitatives mettant en avant vos réalisations concrètes
5. Une section "À propos" détaillant précisément vos services et votre approche distinctive

La connexion stratégique avec d'autres freelances complémentaires à votre offre crée des opportunités de recommandations mutuelles. J'ai personnellement construit un réseau de partenaires privilégiés couvrant différentes expertises complémentaires à la mienne. Ce cercle de confiance génère aujourd'hui plus de 40% de mes nouveaux projets grâce à un système d'orientation réciproque de clients.

Les relations avec les agences spécialisées peuvent constituer une source régulière de missions sous-traitées. Ces structures font fréquemment appel à des freelances pour absorber leurs pics d'activité ou compléter leurs compétences internes. Une approche proactive auprès de ces partenaires potentiels peut sécuriser un flux régulier d'opportunités qualifiées parfaitement alignées avec votre expertise.

La participation régulière aux groupes sectoriels sur Facebook ou Slack favorise également votre intégration dans des communautés professionnelles actives. Ces espaces plus informels permettent souvent des échanges authentiques et des partages d'opportunités entre membres. J'y consacre personnellement une heure hebdomadaire qui génère régulièrement des contacts qualifiés.

La dimension temporelle du réseautage mérite une attention particulière. Les relations professionnelles solides se construisent progressivement et nécessitent une approche patiente. Trop de freelances abandonnent leurs efforts après quelques semaines sans résultats tangibles, alors que les connexions les plus fructueuses émergent souvent après plusieurs mois d'interactions régulières.

Le suivi méthodique de vos activités de réseautage transforme cette pratique d'un art intuitif en science mesurable. Un simple tableau de bord incluant les contacts établis, les interactions significatives et les opportunités générées vous permettra d'identifier vos canaux les plus performants et d'optimiser progressivement votre stratégie relationnelle.

La création d'un rituel hebdomadaire dédié au développement de votre réseau garantit la constance de vos efforts dans ce domaine crucial. Mon propre rituel du "Vendredi Connexions" inclut systématiquement ces activités structurantes :

- **Identification** : repérage de 3-5 nouveaux contacts potentiellement stratégiques
- **Consolidation** : suivi personnalisé auprès de contacts récemment établis
- **Contribution** : partage d'une information ou d'une ressource utile à mon réseau
- **Célébration** : reconnaissance des succès ou événements marquants de mes connexions
- **Planification** : organisation de ma participation aux prochains événements pertinents

La puissance du réseautage réside dans sa capacité à créer un écosystème professionnel autonome autour de votre activité. Progressivement, votre réputation se diffuse organiquement, générant des opportunités qualifiées sans effort actif de prospection. Cette dynamique vertueuse représente l'aboutissement d'une stratégie relationnelle patiemment construite sur le marché français du freelancing.

3.1.2 Mettre en Place une Routine de Veille Concurrentielle et de Réponse Ciblée aux Appels d'Offres

La veille concurrentielle reste l'un des secrets les mieux gardés des freelances prospères. Pendant que la majorité se contente de réagir passivement aux opportunités, une élite silencieuse scrute méthodiquement le marché pour anticiper les tendances et saisir les meilleures missions avant même qu'elles ne deviennent publiques. Cette pratique m'a personnellement permis de tripler mes revenus en moins de huit mois, en transformant ma démarche commerciale d'une chasse aléatoire à une prospection ciblée et stratégique.

Le marché français du freelancing présente des particularités qui rendent la veille concurrentielle encore plus déterminante qu'ailleurs. Nos entreprises valorisent particulièrement les professionnels qui démontrent une compréhension fine de leur secteur et de leurs enjeux spécifiques. Cette connaissance approfondie ne s'improvise pas mais se construit par une observation rigoureuse et constante de l'écosystème professionnel dans lequel vous évoluez.

Ma propre routine de veille structurée a radicalement transformé non seulement la qualité des missions que j'attire, mais aussi le positionnement tarifaire que je peux justifier auprès de mes clients. Cette pratique disciplinée constitue désormais l'épine dorsale de ma stratégie commerciale, me permettant d'anticiper les besoins émergents et de me positionner comme une ressource précieuse avant même que la concurrence ne s'en aperçoive.

Pour mettre en place votre système de veille personnalisé et efficace, structurez votre approche autour de ces piliers fondamentaux :

- **Veille sectorielle** : suivi des actualités, innovations et défis propres aux industries que vous ciblez

- **Veille concurrentielle** : analyse des freelances positionnés sur des services similaires aux vôtres
- **Veille d'opportunités** : détection précoce des appels d'offres et besoins potentiels sur le marché
- **Veille technologique** : identification des outils et méthodes émergentes dans votre domaine d'expertise
- **Veille tarifaire** : compréhension des fourchettes de prix pratiquées pour des prestations comparables

La mise en place d'un tableau de bord personnalisé facilite considérablement l'organisation de cette veille multidimensionnelle. Un simple document structuré, que j'actualise chaque semaine, me permet de centraliser mes observations et d'identifier rapidement les tendances émergentes ou les opportunités à saisir. Cette vision synthétique m'évite de me disperser tout en garantissant que je n'oublie aucune dimension essentielle de mon environnement professionnel.

Les outils de veille automatisée multiplient votre efficacité sans effort supplémentaire. Google Alerts reste incontournable pour suivre des mots-clés spécifiques, mais des solutions plus sophistiquées comme Mention ou Feedly permettent d'affiner considérablement votre surveillance. J'utilise personnellement une combinaison de trois outils complémentaires qui me transmettent quotidiennement les informations pertinentes directement dans ma boîte mail, me permettant de rester informé sans y consacrer plus de 20 minutes par jour.

La structuration d'une routine hebdomadaire constitue la clé d'une veille efficace sur le long terme. Voici comment j'organise ma semaine de prospection depuis trois ans :

1. **Lundi matin (30 min)** : analyse des nouvelles alertes sectorielles et identification des opportunités émergentes
2. **Mardi (15 min)** : suivi des appels d'offres publiés sur les plateformes spécialisées

3. **Mercredi (20 min)** : surveillance des groupes LinkedIn et Facebook pertinents pour ma niche
4. **Jeudi (15 min)** : veille tarifaire et positionnement des concurrents sur les plateformes principales
5. **Vendredi (25 min)** : synthèse hebdomadaire et planification des actions commerciales qui en découlent

Les sources d'information qualitatives varient considérablement selon votre secteur d'activité. Pour ma part, j'ai identifié un mix optimal qui combine presse spécialisée, newsletters sectorielles, comptes Twitter d'experts reconnus et groupes professionnels fermés. Cette diversité me garantit une vision complète des tendances émergentes et des opportunités cachées que la majorité des freelances ne détectent pas.

La capitalisation systématique sur vos découvertes transforme cette veille d'une simple collecte d'information en véritable avantage compétitif. Chaque observation pertinente alimente ma base de connaissances personnelle, organisée par secteur et type de problématique. Cette ressource s'enrichit continuellement et me permet, lors de mes propositions commerciales, de démontrer une compréhension approfondie que mes clients potentiels trouvent particulièrement impressionnante.

Le suivi des appels d'offres sur les plateformes françaises exige une approche méthodique et personnalisée. Chaque plateforme présente ses spécificités qu'il convient de maîtriser pour maximiser votre efficacité :

- **Malt** : plateforme privilégiant la réactivité, nécessitant une vérification quotidienne des nouvelles opportunités
- **Codeur.com** : système d'alertes paramétrables mais demandant une présence régulière pour les opportunités premium
- **Upwork** : fonctionnalités de filtrage avancées permettant une recherche très ciblée, idéale pour les freelances spécialisés

- **LinkedIn ProFinder** : notifications moins fréquentes mais missions généralement mieux qualifiées et rémunérées
- **5euros.com** : volume important nécessitant un filtrage rigoureux pour identifier les opportunités pertinentes

La qualification rigoureuse des opportunités détectées vous évite de perdre un temps précieux sur des projets inadaptés. J'ai développé une grille d'évaluation rapide qui me permet de déterminer en moins de deux minutes si une opportunité mérite mon attention complète. Cette approche sélective multiplie naturellement mon taux de conversion en me concentrant exclusivement sur les projets où mes chances de succès sont maximales.

Ma grille de qualification rapide évalue systématiquement ces critères décisifs :

1. **Alignement avec mon expertise** : le projet correspond-il parfaitement à mes compétences distinctives ?
2. **Budget adéquat** : les attentes tarifaires semblent-elles compatibles avec mon positionnement ?
3. **Timing réaliste** : les délais mentionnés sont-ils raisonnables pour un travail de qualité ?
4. **Potentiel relationnel** : ce client présente-t-il un potentiel de collaboration récurrente ?
5. **Valeur stratégique** : ce projet renforce-t-il mon portfolio dans la direction souhaitée ?

La rédaction d'une réponse parfaitement ciblée constitue l'art subtil qui transforme une simple candidature en proposition irrésistible. Mes années d'expérience m'ont enseigné que l'efficacité réside moins dans la quantité que dans la qualité des propositions. Une réponse minutieusement personnalisée a infiniment plus d'impact que dix messages génériques, même brillamment rédigés.

Les éléments indispensables d'une réponse percutante comprennent ces composantes que j'intègre systématiquement :

- **Personnalisation visible** : référence explicite et naturelle au brief spécifique du client
- **Compréhension démontrée** : reformulation du besoin qui prouve ma compréhension approfondie
- **Expérience pertinente** : mention d'un ou deux projets similaires réalisés précédemment
- **Approche esquissée** : aperçu de ma méthodologie pour résoudre leur problématique spécifique
- **Question stratégique** : interrogation démontrant ma réflexion et ouvrant naturellement la conversation

Le timing stratégique de vos réponses influence considérablement votre taux de succès. Mes statistiques personnelles révèlent une corrélation directe entre la rapidité de réponse et le taux de conversion, particulièrement sur des plateformes comme Codeur.com ou 5euros.com. Sur Malt, en revanche, j'observe qu'une réponse trop instantanée peut parfois sembler précipitée, suggérant un manque d'analyse approfondie ou une disponibilité excessive.

Le suivi méthodique de vos candidatures constitue une discipline souvent négligée mais extrêmement rentable. J'ai développé un système simple de relances programmées qui a considérablement augmenté mon taux de conversion. Une relance courtoise après 3-4 jours, apportant un complément d'information pertinent ou un exemple supplémentaire, réactive souvent des conversations qui semblaient éteintes.

L'analyse régulière de vos performances vous permet d'affiner continuellement votre approche. Mon tableau de bord personnel suit rigoureusement quatre indicateurs clés :

1. **Taux de réponse** : pourcentage de clients qui répondent à ma proposition initiale

2. **Taux de conversion** : pourcentage de propositions transformées en missions effectives
3. **Délai moyen** : temps écoulé entre ma candidature et la réponse du client
4. **Valeur moyenne** : montant moyen des projets obtenus via cette démarche proactive

La saisonnalité du marché freelance français mérite une attention particulière dans votre stratégie de veille et de réponse. J'ai identifié des cycles prévisibles qui influencent considérablement le volume et la nature des opportunités disponibles. La rentrée de septembre et le début d'année civil représentent traditionnellement des périodes particulièrement fertiles, tandis que juillet-août et décembre connaissent généralement un ralentissement marqué, sauf pour certains secteurs spécifiques.

L'adaptation fine de votre discours commercial selon les plateformes optimise significativement votre efficacité. Chaque écosystème possède ses codes implicites et ses attentes spécifiques. Sur Malt, les clients valorisent particulièrement l'expertise sectorielle et la profondeur d'analyse. Sur Codeur.com, la réactivité et la clarté de l'offre jouent un rôle prépondérant. Cette compréhension nuancée des différentes cultures de plateformes me permet d'ajuster subtilement mon approche pour maximiser mes chances sur chaque canal.

La création d'une bibliothèque de modèles personnalisables accélère considérablement votre réactivité tout en maintenant un niveau élevé de personnalisation. J'ai développé progressivement une collection de trames adaptées à différents types de projets et de plateformes. Ces modèles, enrichis de sections modulaires, me permettent de construire rapidement une proposition sur mesure tout en conservant la spontanéité et l'authenticité essentielles pour créer une connexion avec le prospect.

Le perfectionnement continu de votre routine de veille et de réponse transforme progressivement cette pratique d'une corvée chronophage en avantage compétitif décisif. Cette discipline, maintenue avec rigueur pendant plusieurs mois, crée un cercle vertueux où chaque nouvelle proposition s'enrichit de l'expérience des précédentes, augmentant naturellement votre taux de succès et la qualité des opportunités que vous attirez sur le marché français du freelancing.

3.2 Rédiger des Propositions Commerciales Convaincantes et Mener des Négociations Fructueuses

3.2.1 Élaborer une Proposition de Service Sur Mesure qui Adresse Précisément les Besoins du Client

La proposition commerciale représente bien plus qu'un simple document administratif, c'est l'incarnation tangible de votre expertise et de votre compréhension des besoins du client. Je me souviens encore de ma première proposition sérieuse, un document générique de trois pages qui m'a valu un refus poli mais définitif. Cette expérience m'a enseigné une leçon fondamentale : sur le marché français, une proposition standardisée équivaut presque toujours à une opportunité manquée.

L'art de la proposition sur mesure repose sur l'écoute active préalable. Avant même d'ouvrir votre traitement de texte, prenez le temps d'analyser minutieusement le brief du client. Les décideurs français valorisent particulièrement les prestataires qui démontrent une compréhension approfondie de leur problématique spécifique. Cette phase d'analyse vous distingue immédiatement des freelances qui répondent de façon automatique et générique.

Pour créer une proposition véritablement percutante, structurez-la autour de ces éléments essentiels :

- **Introduction personnalisée** : contextualisation qui prouve votre compréhension unique de la situation du client
- **Reformulation des besoins** : synthèse claire démontrant que vous avez parfaitement saisi les enjeux explicites et implicites

- **Solution proposée** : présentation détaillée de votre approche spécifique pour résoudre la problématique identifiée
- **Méthodologie** : explication concrète de votre processus de travail et des étapes clés
- **Livrables précis** : description tangible de ce que le client recevra exactement
- **Calendrier réaliste** : planning détaillé des différentes phases du projet
- **Investissement justifié** : présentation claire de votre tarification en lien avec la valeur créée

La phase d'introduction mérite une attention particulière car elle détermine souvent si le reste de votre proposition sera lu attentivement ou simplement survolé. Évitez absolument les formules génériques du type "En réponse à votre demande..." qui signalent immédiatement une approche standardisée. Préférez une accroche qui démontre votre compréhension spécifique du contexte, des enjeux sectoriels ou des défis particuliers de l'entreprise.

La reformulation du besoin client transforme subtilement votre proposition d'une simple réponse à une opportunité en véritable analyse de valeur. Cette étape cruciale témoigne de votre capacité à synthétiser l'information et à identifier les besoins sous-jacents que le client lui-même n'a parfois pas clairement formulés. Mon client Thomas, directeur marketing d'une PME industrielle, m'a confié avoir choisi ma proposition précisément pour cette raison : "Vous avez compris ce dont nous avions besoin avant même que nous le formulions clairement."

La description de votre solution doit démontrer comment votre expertise unique s'applique précisément à la situation du client. Évitez le piège des listes de fonctionnalités ou de compétences techniques qui restent abstraites. Privilégiez une présentation centrée sur les bénéfices concrets et les résultats tangibles que votre intervention générera. Les clients français apprécient particulièrement cette approche pragmatique qui connecte votre expertise à leurs objectifs business.

Votre méthodologie révèle la robustesse de votre approche professionnelle. Décrivez précisément les étapes que vous suivrez, les outils que vous utiliserez et les moments d'interaction avec le client. Cette transparence rassure le décideur français, souvent méfiant face aux promesses trop générales. Une méthodologie claire démontre votre expérience et votre maîtrise du sujet, renforçant significativement votre crédibilité.

La personnalisation visuelle de votre proposition amplifie considérablement son impact. Julie, designer graphique que j'accompagne, a augmenté son taux de conversion de 40% simplement en adaptant sa charte graphique aux couleurs et à l'identité visuelle de ses clients potentiels. Cette attention au détail signale implicitement votre professionnalisme et votre engagement pour cette collaboration spécifique.

L'intégration subtile des éléments de langage propres au secteur d'activité du client renforce votre crédibilité professionnelle. Chaque industrie possède son vocabulaire technique, ses acronymes et ses références culturelles. Maîtriser ce langage spécifique vous positionne instantanément comme un initié comprenant parfaitement les enjeux internes. Cette connexion linguistique crée une proximité cognitive avec votre interlocuteur.

Les études de cas pertinentes constituent de puissants arguments de vente lorsqu'elles sont judicieusement sélectionnées et présentées. Privilégiez les exemples qui résonnent directement avec la problématique du client plutôt qu'une liste exhaustive de références. Une à deux études de cas détaillées, idéalement dans le même secteur ou face à des défis similaires, s'avèrent beaucoup plus convaincantes qu'un catalogue de clients prestigieux mais sans rapport direct.

La clarté des livrables élimine toute ambiguïté sur ce que recevra concrètement le client. Les décideurs français, particulièrement sensibles à la notion de "retour sur investissement", apprécient de visualiser précisément ce qu'ils obtiendront pour leur budget. Détaillez la nature exacte, le format et les caractéristiques de chaque élément livré, créant ainsi une projection concrète du résultat de votre collaboration.

La structuration temporelle du projet rassure le client sur votre capacité d'organisation. Un calendrier réaliste, incluant les étapes clés, les points de validation et les délais pour chaque phase, démontre votre professionnalisme et votre expérience. Les clients français valorisent particulièrement cette projection temporelle qui leur permet d'intégrer votre intervention dans leur propre planning opérationnel.

L'art délicat de la présentation tarifaire mérite une attention stratégique. Sur le marché français, j'observe que la justification de la valeur prime généralement sur le montant lui-même. Structurez votre tarification de manière transparente, expliquant clairement ce que recouvre chaque élément de votre proposition. Cette transparence renforce la perception de justesse de votre tarif, même s'il se situe dans la fourchette haute du marché.

Les options tarifaires stratégiquement calibrées multiplient vos chances de succès. Proposer trois niveaux de prestation (basique, standard, premium) permet au client de se positionner selon son budget et ses priorités tout en maintenant votre niveau tarifaire global. J'ai constaté que cette approche, lorsqu'elle est bien construite, oriente naturellement le client vers l'option intermédiaire, généralement la plus avantageuse pour les deux parties.

La démonstration explicite du retour sur investissement transforme la perception de votre proposition. Plutôt que de présenter votre intervention comme un coût, positionnez-la comme un investissement rentable en chiffrant concrètement les bénéfices potentiels. "Cette refonte SEO représente un investissement de X€, mais générera potentiellement Y€ de revenus supplémentaires sur les 12 prochains mois" - cette formulation change radicalement la perspective du décideur.

La gestion proactive des objections potentielles renforce considérablement l'efficacité de votre proposition. Anticipez les questions ou réserves que pourrait avoir le client et adressez-les directement dans votre document. Cette approche témoigne de votre expérience et de votre compréhension approfondie du contexte décisionnel de votre interlocuteur, tout en éliminant les obstacles psychologiques à son engagement.

Les témoignages clients stratégiquement sélectionnés apportent une validation sociale précieuse à votre proposition. Privilégiez les verbatims spécifiques qui résonnent directement avec la problématique adressée plutôt que des recommandations génériques. Un témoignage ciblé d'un client ayant rencontré des défis similaires pèse souvent plus lourd qu'une dizaine d'avis généraux sur votre professionnalisme.

La section "Prochaines étapes" guide naturellement le client vers la décision et l'action. Décrivez précisément le processus qui suivra l'acceptation de votre proposition : réunion de cadrage, documents nécessaires, modalités de démarrage. Cette projection concrète facilite la visualisation de la collaboration et diminue la résistance psychologique à l'engagement.

Une relecture attentive élimine les erreurs qui pourraient miner votre crédibilité. Les décideurs français, particulièrement sensibles à la qualité rédactionnelle, peuvent interpréter des coquilles ou maladresses comme un manque de rigueur général. Je confie systématiquement mes propositions importantes à un regard extérieur avant envoi, cette pratique m'ayant épargné plusieurs erreurs potentiellement coûteuses.

La proposition parfaite combine rigueur professionnelle et connexion émotionnelle. Au-delà des aspects techniques et méthodologiques, votre document doit transmettre votre enthousiasme sincère pour le projet et votre désir authentique de contribuer au succès du client. Cette dimension humaine, particulièrement valorisée dans la culture d'affaires française, peut faire la différence face à des concurrents techniquement équivalents.

3.2.2 Assimiler les Techniques de Négociation Éprouvées pour Conclure des Contrats Freelance Avantageux

La négociation représente l'étape cruciale où votre expertise se transforme en valeur monétaire concrète. Combien de freelances talentueux ai-je vu céder trop facilement sur leurs tarifs, accepter des conditions désavantageuses ou laisser échapper des opportunités par manque de maîtrise de cet art subtil ? La culture française de négociation possède ses codes particuliers que j'ai dû apprendre, parfois douloureusement, au fil de mes expériences.

Négocier n'est pas un affrontement mais une danse. Cette métaphore a transformé ma perception et mon efficacité dans les discussions contractuelles. Plutôt que d'aborder chaque négociation comme une bataille où l'un doit nécessairement perdre pour que l'autre gagne, j'ai découvert la puissance d'une approche collaborative orientée vers la création de valeur mutuelle.

La préparation mentale avant toute négociation constitue un facteur déterminant souvent négligé. Avant même d'entrer en discussion, prenez le temps d'établir clairement vos paramètres personnels :

- **Votre tarif plancher absolu** : le montant minimal en-dessous duquel vous refuserez catégoriquement la mission
- **Votre zone d'accord acceptable** : la fourchette tarifaire dans laquelle vous êtes prêt à négocier
- **Vos conditions non-négociables** : les éléments sur lesquels vous ne ferez aucune concession
- **Vos marges de manœuvre** : les aspects sur lesquels vous pouvez vous montrer flexible
- **Votre alternative de repli** : ce que vous ferez si cette négociation n'aboutit pas

L'information représente votre principal avantage compétitif lors d'une négociation. Ma stratégie consiste à rechercher méticuleusement le maximum d'éléments sur mon interlocuteur avant toute discussion : taille de l'entreprise, budgets habituels, processus décisionnel interne, contraintes sectorielles, urgence du besoin. Ces connaissances me permettent d'ajuster finement mon approche et d'anticiper les objections potentielles.

Les signaux non-verbaux jouent un rôle déterminant dans les négociations françaises. L'observation attentive du langage corporel de votre interlocuteur révèle souvent ses véritables préoccupations ou réticences, au-delà des mots prononcés. Cette lecture fine vous permet d'adapter votre discours en temps réel pour répondre aux inquiétudes sous-jacentes et créer un climat de confiance propice à l'accord.

La question du premier chiffre divise souvent les experts en négociation. Ma propre expérience m'a enseigné qu'annoncer le premier tarif présente un avantage stratégique substantiel, particulièrement dans le contexte français où la précision du cadrage initial compte énormément. Cette approche vous permet d'établir un "ancrage psychologique" qui orientera l'ensemble de la discussion vers votre fourchette tarifaire cible.

La présentation de votre tarif mérite une attention toute particulière. L'art consiste à l'énoncer avec une assurance tranquille, sans justification excessive ni hésitation. Votre conviction intérieure transparaît inévitablement dans votre ton et votre posture. Le moindre doute sera immédiatement perçu par votre interlocuteur comme une invitation à négocier à la baisse.

Face aux tentatives de dévalorisation tarifaire, plusieurs techniques éprouvées s'offrent à vous :

1. **Le silence stratégique** : laissez simplement planer un silence après une proposition basse, créant un malaise que l'interlocuteur cherchera souvent à combler par une meilleure offre
2. **La question exploratoire** : demandez calmement "Comment êtes-vous arrivé à ce montant ?" pour obliger le client à justifier son offre basse
3. **La reformulation du besoin** : rappelez la complexité réelle du projet et la valeur spécifique que vous apportez
4. **L'option sandwich** : présentez trois niveaux de service à des tarifs différents, rendant votre offre intermédiaire particulièrement attractive
5. **Le calcul de retour sur investissement** : démontrez concrètement la rentabilité de votre intervention malgré un tarif supérieur

La négociation des conditions contractuelles revêt une importance égale à celle du tarif. Des délais réalistes, un périmètre clairement défini et des modalités de paiement favorables peuvent considérablement améliorer votre rentabilité et votre confort de travail. J'ai appris à porter une attention particulière à ces aspects souvent négligés par les freelances débutants, trop focalisés sur le montant global.

Les points contractuels méritant une vigilance particulière incluent notamment :

- **Modalités de paiement** : acompte initial, paiements intermédiaires, délais de règlement
- **Propriété intellectuelle** : étendue des droits cédés, possibilité d'utiliser le travail dans votre portfolio
- **Gestion des modifications** : définition précise du processus et tarification des changements hors périmètre
- **Clauses de résiliation** : conditions et compensations en cas d'interruption anticipée
- **Garanties et support** : durée et nature des engagements post-livraison

L'art des concessions graduelles constitue une technique particulièrement efficace sur le marché français. Contrairement aux négociations anglo-saxonnes souvent plus directes, les décideurs français apprécient généralement un processus progressif où chaque partie montre sa bonne volonté par des ajustements mesurés. La clé réside dans l'équilibre : chaque concession doit être visible mais limitée, et idéalement obtenir une contrepartie.

La détection des signaux d'accord vous permet d'identifier le moment optimal pour conclure. Des phrases comme "nous pourrions envisager..." ou "sous réserve de validation finale..." indiquent souvent une acceptation de principe. Saisir ces opportunités avec une proposition de synthèse claire facilite considérablement la finalisation de l'accord.

Les techniques de déblocage s'avèrent précieuses face aux situations d'impasse. Lorsqu'une négociation semble s'enliser, j'utilise systématiquement l'une de ces approches salvatrices :

- **Le changement de perspective** : "Imaginons que nous soyons déjà partenaires, comment résoudrions-nous cette question ?"
- **La mise en pause réflexive** : "Prenons quelques jours pour réfléchir chacun de notre côté à des solutions créatives"

- **L'introduction d'une variable nouvelle** : proposer un élément inattendu qui modifie l'équation globale
- **L'appel à un objectif commun** : rappeler la vision partagée qui transcende le point de blocage actuel
- **La recherche d'un précédent** : "Comment avez-vous résolu ce type de situation par le passé ?"

La gestion des personnalités difficiles exige une adaptabilité psychologique que j'ai développée au fil des années. Face à un négociateur agressif, maintenez un calme imperturbable tout en restant ferme sur le fond. Avec un interlocuteur indécis, proposez des options claires et structurées. Pour un perfectionniste, détaillez méticuleusement votre proposition en anticipant toutes ses préoccupations potentielles.

La dimension culturelle française influe significativement sur les négociations commerciales. Contrairement à certains pays anglo-saxons où l'efficacité prime, les décideurs français valorisent généralement la qualité de la relation, la profondeur intellectuelle et la pertinence contextuelle. Prendre le temps d'établir un rapport personnel avant d'aborder les aspects financiers améliore considérablement vos chances de succès.

La formalisation rapide constitue une étape cruciale souvent négligée. Une fois l'accord verbal obtenu, envoyez dans les 24 heures un document synthétisant précisément les points convenus. Cette pratique prévient les malentendus ultérieurs tout en démontrant votre professionnalisme. Dans le contexte français où la clarté contractuelle est particulièrement valorisée, cette étape renforce significativement votre crédibilité.

La technique du "pied dans la porte" fonctionne remarquablement bien sur le marché français du freelancing. Elle consiste à commencer par une mission modeste pour démontrer votre valeur avant de proposer une collaboration plus substantielle. J'ai personnellement transformé plusieurs missions ponctuelles en contrats récurrents grâce à cette approche progressive qui crée un climat de confiance mutuelle.

L'anticipation des objections vous permet de transformer des résistances potentielles en opportunités de démontrer votre expertise. Pour chaque proposition importante, j'identifie systématiquement les trois principales objections probables et prépare des réponses constructives. Cette préparation me permet d'accueillir sereinement les réticences comme une partie naturelle du processus plutôt que comme des attaques personnelles.

La négociation continue au-delà de l'accord initial. Chaque interaction avec votre client représente une opportunité de renforcer votre position et de préparer les collaborations futures. Une exécution exemplaire du premier contrat vous placera en situation de force pour négocier des conditions plus avantageuses lors du renouvellement ou de l'extension de la mission.

La pratique régulière affine considérablement vos compétences en négociation. Après chaque discussion contractuelle significative, prenez le temps d'analyser votre performance : quels arguments ont été particulièrement efficaces ? Quelles concessions auraient pu être évitées ? Quelles objections vous ont surpris ? Ce retour d'expérience structuré accélère considérablement votre progression dans cet art subtil mais essentiel à votre réussite en freelance.

4. Piloter Votre Excellence Opérationnelle : Délivrez des Prestations de Qualité et Fidélisez Votre Clientèle

L'acquisition d'un client représente un commencement, non une finalité. Cette vérité fondamentale échappe à de nombreux freelances qui concentrent toute leur énergie sur la prospection mais négligent l'excellence opérationnelle qui transforme une mission ponctuelle en relation durable. Durant mes premières années en freelance, je commettais précisément cette erreur, jusqu'à perdre un client majeur malgré des compétences techniques irréprochables.

Le marché français présente une particularité culturelle notable dans ce domaine. Les entreprises hexagonales, contrairement à certains marchés anglo-saxons plus transactionnels, valorisent profondément la qualité relationnelle et la fiabilité sur le long terme. Cette spécificité constitue une opportunité remarquable pour les freelances capables d'instaurer un niveau d'excellence opérationnelle systématique et méthodique.

Ma propre expérience m'a enseigné que la différence entre un freelance occasionnel et un professionnel établi réside moins dans ses compétences techniques que dans sa capacité à orchestrer impeccablement chaque dimension de la prestation. Cette maîtrise opérationnelle devient la signature distinctive qui pousse vos clients à vous recommander spontanément dans leur réseau.

L'excellence opérationnelle s'articule autour de plusieurs piliers fondamentaux que nous explorerons méthodiquement dans cette section :

- **Gestion de projet structurée** : méthodologies, outils et processus garantissant la prévisibilité et la qualité des livrables
- **Communication proactive** : établissement d'un dialogue transparent et constructif avec votre client tout au long de la mission
- **Qualité irréprochable** : mise en place de standards d'excellence et de processus de contrôle systématiques
- **Gestion de la relation client** : développement d'interactions personnalisées qui transcendent la simple transaction commerciale
- **Capitalisation des retours** : transformation des feedbacks en leviers d'amélioration continue

La mise en place d'une méthodologie de gestion de projet adaptée à votre domaine d'expertise constitue la colonne vertébrale de votre excellence opérationnelle. Sur le marché français, j'observe une attention particulière des clients à cet aspect organisationnel qui leur offre une visibilité rassurante sur le déroulement de la mission.

Quelle que soit votre spécialité, plusieurs approches méthodologiques s'offrent à vous :

1. **Approche séquentielle classique** : découpage en phases distinctes avec validations intermédiaires, idéale pour les projets aux contours bien définis
2. **Méthodologie agile** : cycles courts itératifs permettant ajustements et pivots, particulièrement adaptée aux projets créatifs ou numériques
3. **Approche hybride personnalisée** : combinaison flexible d'éléments séquentiels et agiles, ajustée aux spécificités de votre domaine

Cette méthodologie, loin d'être un simple cadre théorique, se concrétise par des outils pratiques que vous utiliserez quotidiennement. L'écosystème digital offre aujourd'hui une multitude de solutions adaptées aux besoins spécifiques des freelances, de la simple gestion de tâches à l'orchestration complète de projets complexes.

Le choix judicieux de ces outils impacte directement votre productivité mais aussi la perception de votre professionnalisme. Sophie, designer UX que j'accompagne, a significativement amélioré sa crédibilité auprès de clients corporate en adoptant Notion pour sa gestion de projet. Cette plateforme lui permet de partager un tableau de bord clair et professionnel qui rassure immédiatement ses interlocuteurs sur son organisation méthodique.

La communication client constitue un art subtil qui détermine largement la réussite perçue de votre prestation. Bien au-delà du simple échange d'informations, elle établit un climat de confiance et de transparence qui permet de traverser sereinement les inévitables défis de tout projet.

Le rythme et la structure de cette communication méritent une attention particulière. Trop rare, elle génère anxiété et micromanagement chez le client. Trop fréquente ou désorganisée, elle peut créer une surcharge informationnelle contreproductive. L'équilibre idéal combine proactivité et pertinence, anticipant les questionnements légitimes tout en respectant l'efficacité opérationnelle.

Les canaux de communication doivent également être clairement définis dès le démarrage de la mission. Email, messagerie instantanée, visioconférence, plateforme collaborative, chaque médium possède ses forces et ses limites. J'établis systématiquement avec mes clients une "charte de communication" simple qui précise les canaux privilégiés selon la nature de l'information à partager.

La gestion des retards ou des imprévus représente un moment critique qui révèle votre maturité professionnelle. Thomas, développeur freelance, a transformé une situation potentiellement désastreuse en démonstration d'excellence en détectant proactivement un retard probable, en alertant son client suffisamment tôt et en proposant immédiatement des solutions alternatives. Cette transparence, loin de nuire à sa crédibilité, a considérablement renforcé la confiance de son interlocuteur.

La qualité du livrable constitue évidemment le critère ultime d'évaluation de votre prestation. Cette excellence ne s'improvise pas au dernier moment mais se construit méthodiquement tout au long du processus de production. Les freelances performants intègrent systématiquement des points de contrôle qualité à chaque étape clé, permettant détection et correction précoces des problèmes potentiels.

La définition précise des critères d'acceptation dès le démarrage du projet élimine les malentendus potentiellement dommageables. J'ai développé l'habitude de formaliser avec mon client une "checklist qualité" qui détaille explicitement les caractéristiques attendues du livrable final. Ce document simple mais puissant aligne les attentes et sert de référentiel objectif lors de la validation finale.

La gestion proactive des révisions mérite une attention particulière. Les retours client constituent une étape naturelle et constructive du processus, non un jugement de valeur sur votre travail. J'ai observé que les freelances les plus performants accueillent ces feedbacks avec ouverture et professionnalisme, établissant un processus clair pour les intégrer efficacement sans compromettre les délais ou le périmètre du projet.

L'art de la livraison finale transcende la simple remise d'un produit ou service. Ce moment charnière mérite une orchestration soignée qui renforce l'impression positive globale de votre intervention. Une documentation claire, un accompagnement attentif dans la prise en main, une disponibilité rassurante pour répondre aux questions immédiates constituent autant d'éléments qui transforment une simple transaction en expérience mémorable.

La relation client ne s'arrête pas à la livraison finale. Les freelances stratégiques considèrent ce moment comme le début d'une relation potentiellement durable plutôt que comme une conclusion. Cette vision à long terme se concrétise par plusieurs pratiques que j'ai systématisées avec succès :

- **Suivi post-livraison** : contact proactif quelques jours après la finalisation pour vérifier la satisfaction et résoudre d'éventuelles questions
- **Partage de ressources complémentaires** : envoi d'informations, articles ou outils pertinents démontrant votre investissement continu
- **Points de contact réguliers** : maintien d'une relation vivante mais non intrusive pour rester présent dans l'esprit du client
- **Célébration des succès partagés** : reconnaissance des résultats positifs générés par votre collaboration

La capitalisation des retours d'expérience constitue un levier puissant d'amélioration continue. Chaque mission, réussie ou difficile, recèle des enseignements précieux pour affiner votre excellence opérationnelle. Les freelances performants développent une discipline d'analyse rétrospective systématique qui transforme chaque projet en opportunité d'apprentissage.

La sollicitation stratégique de témoignages clients représente une pratique encore sous-exploitée par de nombreux indépendants. Ces recommandations qualitatives jouent un rôle déterminant dans votre prospection future, particulièrement sur le marché français où la validation sociale pèse fortement dans les décisions d'achat. Nous explorerons méthodiquement les techniques pour obtenir des témoignages impactants et les valoriser efficacement.

L'équilibre subtil entre standardisation et personnalisation constitue un défi permanent pour tout freelance. Une méthodologie trop rigide risque de paraître impersonnelle et inadaptée aux spécificités de votre client. À l'inverse, une approche entièrement sur mesure pour chaque projet compromet votre efficacité opérationnelle. La solution réside dans l'élaboration progressive de processus standardisés mais modulaires, offrant à la fois efficacité et flexibilité.

Le développement de votre excellence opérationnelle représente un investissement stratégique aux bénéfices multiples. Au-delà de la satisfaction immédiate du client, elle génère des recommandations spontanées, facilite les renouvellements de mission et vous permet d'augmenter progressivement vos tarifs en justifiant une valeur ajoutée supérieure. Cette spirale positive transforme fondamentalement la trajectoire de votre activité freelance.

Les chapitres suivants détailleront méthodiquement chaque composante de cette excellence opérationnelle. Vous découvrirez comment structurer efficacement vos projets, établir une communication client exemplaire, garantir une qualité irréprochable et transformer la satisfaction client en puissant levier de développement commercial. Ces pratiques éprouvées constituent le fondement d'une activité freelance pérenne et épanouissante sur le marché français.

4.1 Assurer une Gestion de Projet Impeccable et Instaurer une Communication Client Exemplaire

4.1.1 Mettre en Place des Outils et des Processus Fiables pour Gérer Vos Missions Freelance avec Efficacité

L'organisation méthodique de vos missions freelance constitue la colonne vertébrale invisible de votre réussite professionnelle. Derrière chaque prestation remarquable se cache une infrastructure solide de processus et d'outils soigneusement sélectionnés. Cette vérité m'est apparue brutalement lors de ma troisième année d'activité, quand la multiplication des clients a transformé mon quotidien en chaos improductif, me contraignant à repenser entièrement mon système de travail.

Le marché français présente des spécificités culturelles qui influencent directement vos choix d'outils et de méthodologies. Nos clients valorisent particulièrement la rigueur, la traçabilité et la communication structurée. Un freelance qui démontre sa maîtrise organisationnelle inspire immédiatement confiance et se démarque nettement dans un écosystème concurrentiel.

Votre boîte à outils professionnelle doit s'articuler autour de cinq dimensions fondamentales que j'ai identifiées comme critiques pour exceller dans la gestion de vos missions :

- **Planification et suivi de projet** : solutions pour orchestrer les tâches, respecter les délais et visualiser l'avancement global
- **Gestion documentaire** : systèmes pour organiser, versionner et partager efficacement vos documents et livrables

- **Communication client** : canaux appropriés pour maintenir un dialogue fluide et transparent tout au long de la mission
- **Facturation et suivi financier** : outils pour professionnaliser votre gestion administrative et optimiser votre trésorerie
- **Capitalisation des connaissances** : méthodes pour documenter vos apprentissages et créer des ressources réutilisables

La sélection judicieuse de ces outils constitue un investissement stratégique dont le retour se manifeste quotidiennement. Durant mes premières années en freelance, je commettais l'erreur classique de vouloir économiser sur ces aspects, multipliant les solutions gratuites disparates et chronophages. Cette approche fragmentée m'a coûté bien plus en temps perdu et opportunités manquées que l'investissement raisonné dans un écosystème cohérent.

Les plateformes de gestion de projet représentent le cœur névralgique de votre système. Au-delà du simple suivi de tâches, elles structurent votre réflexion et clarifient vos processus internes. Parmi les solutions particulièrement adaptées aux freelances français, j'ai personnellement testé et retenu trois options complémentaires selon la nature de vos missions :

1. **Trello** : idéal pour les projets créatifs nécessitant une visualisation intuitive et flexible
2. **ClickUp** : puissant pour les missions complexes impliquant de nombreuses parties prenantes et dépendances
3. **Notion** : polyvalent et élégant, particulièrement apprécié des clients pour son interface claire et collaborative

L'adoption d'une méthodologie de projet structurante transforme radicalement votre efficacité opérationnelle. Sur le marché français, deux approches principales coexistent, chacune adaptée à des contextes spécifiques :

- **Méthodologie séquentielle (cascade)** : découpage en phases distinctes avec validations formelles, particulièrement adaptée aux projets stables aux contours bien définis
- **Approche agile** : cycles courts itératifs permettant une adaptation constante, idéale pour les projets créatifs ou évolutifs où le feedback client joue un rôle central

Votre choix méthodologique doit refléter non seulement la nature de vos prestations mais aussi les attentes culturelles de vos clients. Les entreprises françaises traditionnelles ou issues de secteurs réglementés privilégient généralement une approche séquentielle, tandis que les startups et entités digitales s'orientent majoritairement vers des méthodes agiles.

La création d'un processus d'onboarding client systématique constitue un levier majeur d'efficacité souvent négligé. Cette phase initiale critique détermine largement la fluidité de toute la collaboration future. Mon template d'onboarding client comprend systématiquement ces éléments clés :

- **Questionnaire de cadrage approfondi** : recueil structuré des besoins, contraintes et attentes spécifiques
- **Document de méthodologie personnalisé** : présentation claire des étapes, livrables et interactions prévues
- **Calendrier prévisionnel partagé** : visualisation des jalons clés et des responsabilités respectives
- **Guide de communication** : clarification des canaux, fréquences et formats d'échange préférentiels
- **Procédure de validation** : explicitation du processus de feedback et d'approbation des livrables

La gestion documentaire efficace constitue un autre pilier fondamental pour éviter les pertes de temps et les malentendus. La prolifération désordonnée de versions multiples représente un risque majeur pour votre crédibilité professionnelle. Adoptez une

nomenclature stricte et cohérente, idéalement selon ce format :
[CLIENT]-[PROJET]-[DOCUMENT]-[VERSION]-[DATE].

Les outils de stockage cloud sécurisés s'imposent désormais comme standards pour tout freelance sérieux. Google Drive reste particulièrement populaire dans l'écosystème français, mais certains secteurs sensibles (finance, santé) privilégient des solutions européennes comme Tresorit ou pCloud pour des questions de confidentialité et de conformité réglementaire.

Le tableau de bord de projet constitue un outil de pilotage puissant que j'ai intégré progressivement dans mes processus. Cette vue synthétique partagée avec le client offre une transparence rassurante tout en minimisant les sollicitations chronophages sur l'avancement. Les éléments essentiels à y intégrer comprennent :

1. État d'avancement global du projet (pourcentage ou indicateur visuel)
2. Prochaines étapes avec leurs échéances précises
3. Points de décision ou validations attendues du client
4. Risques identifiés et mesures d'atténuation prévues
5. Journal des principales réalisations récentes

L'automatisation des tâches répétitives représente un gisement de productivité considérable pour tout freelance. Des outils comme Zapier ou Make (anciennement Integromat) permettent de créer des workflows qui connectent vos différentes applications sans codage complexe. J'ai personnellement automatisé plusieurs processus chronophages, comme la création de dossiers projet structurés, l'envoi de questionnaires de satisfaction ou la génération de rapports d'activité.

La gestion de votre temps constitue une compétence cruciale que les bons outils peuvent considérablement renforcer. Bien au-delà du simple calendrier, des applications comme Toggl Track vous permettent de mesurer précisément le temps consacré à chaque projet et tâche. Cette discipline de tracking transforme votre perception de la rentabilité réelle de vos missions et affine progressivement votre capacité d'estimation.

Les outils de communication client méritent une attention particulière car ils façonnent directement la perception de votre professionnalisme. Sur le marché français, les préférences varient selon les secteurs d'activité :

- **Email professionnel** : incontournable pour les communications formelles et la documentation des décisions
- **Slack ou Microsoft Teams** : privilégiés pour les échanges quotidiens dans les environnements digitaux
- **WhatsApp Business** : en progression pour les interactions rapides, particulièrement dans les TPE/PME
- **Visioconférence** : Zoom reste dominant malgré la montée de Google Meet et Microsoft Teams

La création de modèles (templates) réutilisables pour chaque étape de vos projets représente un investissement initial qui génère des bénéfices exponentiels. Mes propres templates couvrent l'intégralité du cycle de vie client, du brief initial au questionnaire de satisfaction post-mission. Cette standardisation améliore non seulement votre efficacité mais aussi la cohérence perçue de votre prestation.

Les processus de contrôle qualité systématiques distinguent le freelance amateur du véritable professionnel. Intégrez des check-lists de vérification à chaque étape critique de vos projets. Pour mes propres livrables, j'ai développé une liste de contrôle en trois dimensions : qualité technique, adéquation aux besoins exprimés et plus-value stratégique. Cette triple validation garantit des livrables irréprochables.

La digitalisation complète de votre administration constitue un levier d'efficacité sous-estimé. Des solutions comme SumUp (facturation), Shine (banque professionnelle) ou Alan (assurance) simplifient considérablement votre quotidien administratif tout en professionnalisant l'expérience client. Ces outils, conçus spécifiquement pour les indépendants, s'intègrent harmonieusement dans un écosystème digital cohérent.

L'investissement dans la formation continue sur vos outils principaux génère un retour substantiel. Consacrez régulièrement du temps à explorer les fonctionnalités avancées de vos applications critiques. J'ai personnellement découvert des fonctionnalités transformatrices dans des logiciels que j'utilisais pourtant quotidiennement depuis des années, simplement en suivant des tutoriels spécialisés ou des webinaires d'optimisation.

La revue régulière de votre stack technologique permet d'éviter l'obsolescence progressive de votre infrastructure. Planifiez un audit semestriel de vos outils et processus pour identifier les frictions ou inefficacités émergentes. Cette discipline d'amélioration continue maintient votre système en constante évolution plutôt qu'en révolution périodique coûteuse et perturbante.

L'équilibre subtil entre standardisation et personnalisation constitue la clé d'une gestion de projet véritablement efficace. Vos processus doivent être suffisamment structurés pour garantir constance et qualité, tout en restant flexibles pour s'adapter aux spécificités de chaque client et projet. Cette agilité maîtrisée distingue le freelance stratégique du simple exécutant.

4.1.2 Cultiver et Entretenir une Relation de Confiance Solide et Durable avec Vos Clients

La relation client transcende largement la simple transaction commerciale sur le marché français. Mes années d'expérience m'ont enseigné une vérité fondamentale : la confiance constitue la pierre angulaire de toute collaboration durable et fructueuse. Cette dimension relationnelle revêt une importance particulière dans la culture d'affaires hexagonale, où le lien humain prime souvent sur les considérations purement transactionnelles.

Une anecdote personnelle illustre parfaitement ce phénomène. Lors de mes débuts en freelance, je considérais chaque projet comme une mission isolée à compléter efficacement. Cette vision mécanique m'a valu plusieurs collaborations sans lendemain malgré une exécution technique irréprochable. La révélation est venue d'un client qui m'a confié : "Votre travail était excellent, mais je n'ai jamais eu l'impression que vous compreniez vraiment notre entreprise ou que vous vous intéressiez réellement à notre réussite." Cette remarque a radicalement transformé mon approche.

La culture professionnelle française valorise particulièrement la dimension relationnelle des affaires. Contrairement à certains marchés anglo-saxons plus transactionnels, nos clients apprécient de sentir qu'une relation authentique se développe au-delà de la simple prestation technique. Cette connexion humaine génère un sentiment d'appartenance à une aventure commune qui transcende le cadre contractuel initial.

La construction d'une relation de confiance démarre dès les premiers échanges. J'accorde une attention particulière à la réunion de cadrage initiale, transformant ce qui pourrait n'être qu'une simple formalité en véritable moment de connexion. Au-delà des aspects techniques du projet, j'explore les motivations profondes de mon interlocuteur, l'histoire de son entreprise et sa vision à long terme. Cette curiosité sincère pose les bases d'une relation authentique.

La personnalisation de votre approche relationnelle constitue un facteur différenciant majeur. Chaque client possède une personnalité unique, des préférences communicationnelles spécifiques et une sensibilité particulière qu'il convient de décoder rapidement. Ma cliente Sophie préfère des échanges directs et concis quand Thomas apprécie les conversations plus détendues et informelles. Cette adaptation fine témoigne de votre intelligence émotionnelle et renforce le sentiment d'être véritablement compris.

Les petites attentions régulières tissent progressivement le lien de confiance. Je maintiens un calendrier personnel me rappelant les événements importants pour mes clients : lancements de produits, anniversaires d'entreprise, nominations. Un message sincère lors de ces occasions témoigne de mon attention continue et de mon intérêt authentique pour leur développement, même en dehors du cadre strict de notre collaboration.

La transparence absolue constitue un pilier non négociable de toute relation durable. Les clients français détestent particulièrement les mauvaises surprises, qu'elles concernent les délais, le budget ou le périmètre du projet. J'ai fait l'expérience douloureuse de tenter de dissimuler un retard naissant, espérant le rattraper discrètement. Cette erreur a sérieusement érodé la confiance d'un client majeur. Désormais, je pratique une transparence proactive systématique, communiquant immédiatement tout imprévu potentiel.

L'équilibre délicat entre proximité et professionnalisme mérite une attention particulière. Une relation client trop distante paraîtra froide et transactionnelle, tandis qu'une familiarité excessive risque de compromettre votre crédibilité. Le marché français apprécie généralement une approche chaleureuse mais structurée, où l'expertise et la rigueur s'expriment dans un cadre relationnel authentique. Cet équilibre subtil s'affine avec l'expérience et l'observation attentive des codes relationnels de votre secteur spécifique.

Le respect scrupuleux de vos engagements, même mineurs, constitue le socle fondamental de la confiance cliente. Si vous promettez un suivi téléphonique le mardi à 14h, soyez irréprochable sur ce rendez-vous. Chaque promesse honorée renforce votre crédibilité, tandis que chaque engagement non tenu l'érode significativement. J'ai intégré à ma pratique quotidienne une discipline absolue concernant les délais, préférant promettre moins et livrer davantage plutôt que l'inverse.

La valeur ajoutée impromptue représente un accélérateur puissant de fidélisation client. Surprendre occasionnellement votre client avec un petit extra non facturé mais précieux crée un sentiment de générosité et d'engagement qui transcende la relation contractuelle. Pour un site e-commerce que j'accompagnais, j'ai spontanément réalisé une courte analyse concurrentielle qui a grandement éclairé leur stratégie. Ce geste, qui m'a demandé quelques heures, a transformé radicalement leur perception de notre collaboration.

La gestion exemplaire des situations délicates révèle véritablement la solidité de votre relation. Un incident technique, un malentendu ou une insatisfaction ponctuelle représentent paradoxalement des opportunités exceptionnelles pour démontrer votre professionnalisme et votre engagement envers la satisfaction client. Ma propre expérience confirme qu'une difficulté brillamment surmontée renforce souvent davantage la confiance qu'une collaboration sans accroc.

Les rituels relationnels structurent harmonieusement la collaboration dans la durée. Points réguliers, bilans intermédiaires, déjeuners occasionnels ou appels de courtoisie créent un rythme rassurant qui manifeste votre attention constante. J'ai développé avec plusieurs clients de longue date des routines personnalisées qui nous permettent de maintenir une connexion vivante au-delà des phases intensives de projet.

L'écoute active transcende largement la simple politesse pour devenir un outil stratégique de fidélisation. Entendre véritablement les préoccupations exprimées mais aussi décoder les inquiétudes sous-jacentes témoigne d'une intelligence relationnelle particulièrement appréciée. Cette pratique implique une présence totale lors des échanges, sans distraction numérique ou mentale, centrée exclusivement sur la compréhension profonde des enjeux de votre interlocuteur.

La reconnaissance explicite des experts internes valorise vos interlocuteurs et renforce leur confiance. Dans toute organisation cliente, certains professionnels détiennent une expertise pointue qu'il convient de reconnaître et d'intégrer respectueusement. Loin de menacer votre position, cette reconnaissance témoigne de votre maturité professionnelle et facilite l'acceptation de vos propres recommandations.

Les méthodes pratiques pour cultiver cette relation de confiance s'articulent autour de plusieurs comportements clés :

- **Documenter systématiquement** : consigner par écrit les échanges importants, décisions et engagements pour éviter tout malentendu ultérieur
- **Anticiper les besoins** : identifier proactivement les enjeux émergents avant même que le client ne les formule explicitement
- **Personnaliser les interactions** : adapter votre style communicationnel au profil spécifique de chaque interlocuteur
- **Célébrer les succès** : reconnaître et valoriser les étapes réussies, même intermédiaires
- **Apprendre des tensions** : transformer les moments difficiles en opportunités d'amélioration et de renforcement relationnel

L'équilibre entre réactivité et proactivité distingue les freelances d'exception. Répondre rapidement aux sollicitations témoigne de votre professionnalisme, mais anticiper les besoins futurs démontre votre investissement stratégique dans la réussite du client. Cette dimension proactive, particulièrement valorisée sur le marché français, vous positionne comme partenaire stratégique plutôt que simple exécutant technique.

Le partage d'information pertinente, même sans lien direct avec votre mission, renforce significativement votre position d'allié stratégique. Articles sectoriels, innovations technologiques ou opportunités de marché partagés spontanément démontrent votre veille active et votre préoccupation sincère pour le développement global de votre client. Cette pratique, que j'ai systématisée via une newsletter mensuelle personnalisée, génère régulièrement des conversations stratégiques dépassant largement le cadre initial de mes missions.

La gestion proactive de la fin de mission conditionne largement les collaborations futures. Une conclusion soignée comprend idéalement un bilan partagé, une documentation complète facilitant l'appropriation des livrables et une proposition naturelle de continuation adaptée. Cette phase souvent négligée détermine pourtant l'impression finale qui restera dans l'esprit de votre client et sa propension à vous recontacter ultérieurement.

Le maintien du lien entre deux missions représente un art subtil que les freelances stratégiques maîtrisent parfaitement. Sans tomber dans le harcèlement commercial, maintenir un contact régulier et pertinent assure votre présence dans l'esprit du client lorsqu'un nouveau besoin émergera. Un simple courriel trimestriel partageant une ressource pertinente ou un appel courtois occasionnel suffisent généralement à entretenir cette connexion précieuse.

La transformation progressive d'un client ponctuel en partenaire durable constitue l'aboutissement naturel d'une stratégie relationnelle réussie. Ce client qui vous contacte spontanément pour chaque nouveau projet, vous consulte sur ses orientations stratégiques ou vous recommande activement dans son réseau représente le Graal de tout freelance. Cette évolution naturelle émane directement de la qualité relationnelle que vous aurez su développer au-delà de l'expertise technique.

Le cercle vertueux de la confiance client génère des bénéfices multiples et croissants avec le temps. Missions récurrentes, négociations tarifaires facilitées, briefs plus clairs, autonomie accrue, recommandations spontanées... Ces avantages quantitatifs et qualitatifs transforment radicalement l'expérience du freelancing, éliminant progressivement l'insécurité chronique associée à ce mode d'activité pour créer un environnement professionnel serein et épanouissant.

4.2 Transformer la Satisfaction Client en Puissant Levier de Croissance : Obtenir Témoignages et Recommandations

4.2.1 Solliciter et Recueillir des Avis Positifs Stratégiques et Détaillés sur les Plateformes

Les avis clients représentent l'or invisible de votre activité freelance. Cette vérité m'est apparue lors d'une conversation révélatrice avec un directeur marketing qui m'avait choisi parmi douze candidats. Sa réponse à ma question sur ce qui avait fait la différence ? "Vos recommandations détaillées m'ont permis de visualiser concrètement votre impact sur des problématiques similaires aux nôtres." Ce jour-là, j'ai compris la puissance transformative des témoignages clients stratégiquement recueillis.

L'écosystème français du freelancing accorde une importance particulière aux preuves sociales. Notre culture professionnelle, empreinte d'une certaine prudence, valorise les expériences vérifiables et les garanties tangibles avant l'engagement. Un portfolio impressionnant attire l'attention, mais ce sont les témoignages authentiques qui déclenchent la décision finale d'un prospect hésitant.

La qualité prime absolument sur la quantité en matière d'avis clients. J'ai constaté qu'un seul témoignage détaillé, contextuel et émotionnellement engageant génère plus d'impact qu'une dizaine d'évaluations génériques cinq étoiles. Cette approche qualitative correspond parfaitement aux attentes du marché français où la profondeur analytique reste particulièrement valorisée.

Le moment optimal pour solliciter un avis se situe précisément dans cette fenêtre d'enchantement qui suit immédiatement la livraison réussie d'un projet. L'euphorie du client face à un résultat qui dépasse ses attentes crée une disposition psychologique favorable pour formuler un témoignage enthousiaste et détaillé. Cette période de grâce dure rarement plus de 48 heures, d'où l'importance d'une sollicitation rapide mais délicate.

Les plateformes françaises offrent différents systèmes de recommandations qu'il convient de maîtriser parfaitement :

- **Malt** : propose un système d'évaluation à cinq étoiles couplé à un témoignage textuel et met particulièrement en valeur ces avis dans l'algorithme de classement
- **Codeur.com** : fonctionne avec des notes sur plusieurs critères (qualité, communication, délais) et un commentaire libre visible directement sur votre profil
- **Crème de la Crème** : privilégie des recommandations sous forme de texte détaillé sans notation chiffrée, valorisant davantage la dimension qualitative
- **Freelance.com** : combine un système d'étoiles avec des critères multiples et un espace de témoignage libre
- **5euros.com** : met l'accent sur la quantité d'avis avec un système simplifié d'étoiles et commentaires courts

La stratégie de sollicitation d'avis exige une approche personnalisée et progressive. Ma méthode systématique se décompose en plusieurs phases distinctes :

1. **Préparation psychologique** : créer les conditions favorables tout au long du projet en dépassant régulièrement les attentes
2. **Validation de satisfaction** : confirmer informellement le contentement du client avant toute demande formelle
3. **Demande contextualisée** : formuler une requête personnalisée qui rappelle la valeur créée et facilite la rédaction
4. **Guidage structuré** : proposer subtilement une trame pour aider le client à formuler un avis constructif

5. **Suivi respectueux** : effectuer un rappel unique et courtois en cas d'absence de réponse

Les formulations efficaces pour solliciter un avis combinent plusieurs éléments psychologiques clés. La requête idéale exprime d'abord une sincère gratitude pour la collaboration, puis explique l'importance des témoignages pour votre activité, et enfin facilite le processus en proposant une structure simple. Ma phrase type, que j'adapte systématiquement au contexte spécifique de chaque mission : "Votre satisfaction concernant [résultat précis du projet] me fait vraiment plaisir. Ces retours sont essentiels pour mon activité, accepteriez-vous de partager votre expérience sur [plateforme] ? Je vous envoie le lien direct pour vous faciliter la démarche."

L'art subtil des suggestions guidées transforme radicalement la qualité des témoignages reçus. Plutôt que de laisser votre client face à la page blanche intimidante, proposez-lui des amorces thématiques qui structureront naturellement son retour. Marie, designer UX que j'accompagne, a multiplié par trois la longueur moyenne de ses recommandations en suggérant simplement à ses clients d'évoquer "le problème initial qui les préoccupait, comment s'est déroulée la collaboration, et l'impact concret des livrables sur leur activité."

La personnalisation de chaque demande génère un taux de conversion significativement supérieur. Les sollicitations génériques produisent typiquement un taux de réponse d'environ 15%, tandis que mes demandes personnalisées atteignent régulièrement 65%. Cette différence spectaculaire s'explique par la connexion émotionnelle créée lorsque le client perçoit une requête spécifiquement formulée pour lui plutôt qu'un message automatisé.

La création d'un système automatisé mais personnalisable optimise considérablement votre efficacité. J'ai développé un template modulaire qui combine des éléments fixes (structure générale, appel à l'action) et des zones variables que je personnalise pour chaque client (références au projet spécifique, problématiques résolues, résultats obtenus). Cette approche semi-automatisée préserve l'authenticité tout en économisant un temps précieux.

Les incitations indirectes peuvent subtilement encourager les témoignages détaillés sans paraître manipulatoires. La réciprocité fonctionne particulièrement bien : proposer une recommandation sur LinkedIn pour votre interlocuteur avant de solliciter son avis déclenche un puissant mécanisme psychologique qui favorise le retour. Cette approche s'harmonise parfaitement avec la sensibilité relationnelle du marché français.

L'orientation stratégique des témoignages vers vos points différenciants multiplie leur impact commercial. Plutôt que de collecter des avis génériques sur votre professionnalisme, guidez subtilement vos clients vers les aspects de votre prestation qui constituent réellement votre valeur ajoutée distinctive. Pour ma part, j'oriente systématiquement les retours vers ma capacité à "comprendre rapidement des problématiques complexes et à proposer des solutions pragmatiques", positionnement central de mon offre.

La gestion des avis mitigés ou négatifs révèle votre maturité professionnelle. Contrairement aux idées reçues, un profil présentant exclusivement des évaluations parfaites peut paradoxalement susciter la méfiance. Quelques commentaires plus nuancés, accompagnés de vos réponses constructives et solutionnantes, renforcent authentiquement votre crédibilité. Cette transparence résonne particulièrement bien avec les clients français.

La mise en valeur stratégique des témoignages recueillis démultiplie leur impact. Au-delà de leur présence passive sur les plateformes, intégrez judicieusement vos meilleures recommandations dans vos propositions commerciales, votre site web personnel et vos présentations. Cette diffusion multicanale amplifie considérablement leur portée et leur influence sur vos prospects.

Les témoignages vidéo représentent le summum en matière d'impact persuasif. Un client satisfait qui partage son expérience face caméra génère une puissance émotionnelle incomparable. Bien que plus difficiles à obtenir, ces témoignages visuels constituent des actifs commerciaux extraordinairement puissants, particulièrement pour les missions à forte valeur ajoutée où l'investissement client est significatif.

Pour obtenir ces précieux témoignages vidéo, voici l'approche en quatre temps que j'ai affinée au fil des années :

- **Identification ciblée** : sélectionner uniquement les clients particulièrement satisfaits et à l'aise avec ce format
- **Préparation facilitante** : proposer une structure d'interview simple et rassurante avec 3-4 questions clés
- **Simplicité technique** : organiser un bref appel vidéo de 10-15 minutes maximum, minimisant la contrainte temporelle
- **Valorisation mutuelle** : mettre en avant l'expertise du client et son organisation autant que votre propre contribution

Les avis spécifiques aux compétences constituent une particularité intéressante sur certaines plateformes françaises. Sur Malt par exemple, vos clients peuvent évaluer individuellement vos compétences techniques et relationnelles. Cette granularité permet aux prospects de visualiser précisément vos points forts selon la perspective client, renforçant significativement votre crédibilité dans ces domaines spécifiques.

La création d'un cycle vertueux de recommandations transforme progressivement cette pratique en système auto-alimenté. Les témoignages initiaux attirent de nouveaux clients qualifiés qui, satisfaits à leur tour, génèrent de nouvelles recommandations. Cette dynamique positive, une fois enclenchée, constitue un moteur puissant de développement commercial organique, réduisant progressivement vos efforts de prospection active.

Le traitement des refus polis exige finesse et intelligence émotionnelle. Certains clients, malgré leur satisfaction réelle, déclineront votre demande de témoignage pour diverses raisons : politique d'entreprise restrictive, manque de temps, réticence personnelle. Accueillez ces refus avec grâce et compréhension, préservant systématiquement la qualité relationnelle qui pourrait générer des opportunités futures ou des recommandations informelles.

L'évolution qualitative de vos témoignages reflète directement votre progression professionnelle. Comparez régulièrement les recommandations reçues au fil du temps : quels aspects de votre prestation sont désormais systématiquement salués ? Quelles critiques constructives ont disparu ? Cette analyse longitudinale vous offre un miroir précieux de votre développement en tant que freelance.

L'authentification des témoignages renforce considérablement leur impact persuasif. Les plateformes françaises intègrent généralement des mécanismes de vérification, mais vous pouvez amplifier cette crédibilité en ajoutant des détails contextuels spécifiques : secteur d'activité précis, poste du décideur, problématique résolue. Ces éléments concrets transforment un témoignage générique en cas client vérifiable.

4.2.2 STIMULER LE BOUCHE-À-OREILLE ACTIF ET LES RECOMMANDATIONS QUALIFIÉES POUR ATTIRER DE NOUVEAUX PROJETS

Le bouche à oreille constitue l'une des stratégies commerciales les plus puissantes et les plus authentiques à votre disposition. Cette publicité gratuite, générée par la qualité de votre travail et votre professionnalisme, peut transformer radicalement votre trajectoire freelance. Ma propre expérience confirme cette réalité : plus de 60% de mes nouveaux clients proviennent aujourd'hui de recommandations directes, un résultat qui n'est pas le fruit du hasard mais d'une stratégie délibérée et méthodique.

La force singulière du bouche à oreille réside dans sa crédibilité incomparable. Les études montrent que 92% des consommateurs font davantage confiance aux recommandations de leur entourage qu'à toute autre forme de publicité[7]. Cette statistique prend une dimension encore plus significative sur le marché français, culturellement méfiant envers les approches commerciales trop directes et particulièrement réceptif aux conseils personnalisés provenant de sources fiables.

Le mécanisme du bouche à oreille fonctionne comme une chaîne de référencement exponentielle. Chaque client satisfait devient potentiellement votre ambassadeur auprès de son propre réseau professionnel. Cette propagation organique de votre réputation génère des prospects déjà préqualifiés et favorablement disposés à votre égard, réduisant considérablement votre cycle de vente et augmentant significativement votre taux de conversion.

Pour créer un système efficace de recommandations qualifiées, une approche structurée s'impose. J'ai développé une méthode en cinq étapes qui a considérablement amplifié mon flux de clients par bouche à oreille :

1. **Surpasser systématiquement les attentes** : créer des expériences mémorables qui donnent naturellement envie de partager
2. **Faciliter le processus de recommandation** : fournir les outils et le cadre pour que vos clients puissent vous recommander facilement
3. **Motiver le partage** : mettre en place des incitations adaptées qui encouragent les recommandations actives
4. **Cibler stratégiquement** : orienter les recommandations vers les segments de marché les plus pertinents pour votre développement
5. **Entretenir le cycle vertueux** : alimenter constamment le système par de nouvelles expériences client exceptionnelles

La qualité exceptionnelle de vos prestations constitue le fondement indispensable de toute stratégie de bouche à oreille[5]. Sans cette base solide, aucune technique promotionnelle ne générera des résultats durables. Ma philosophie personnelle repose sur un principe simple : créer constamment une valeur qui dépasse significativement le montant facturé. Cette générosité calculée transforme naturellement vos clients en ambassadeurs enthousiastes de votre marque personnelle.

L'entretien de relations régulières avec vos clients existants alimente durablement votre système de recommandations[5]. J'ai constaté qu'un client avec qui vous maintenez un contact régulier, même après la fin d'un projet, reste "actif" dans son rôle de prescripteur beaucoup plus longtemps. Un simple bulletin d'information mensuel, un appel de courtoisie occasionnel ou le partage ciblé de ressources pertinentes suffisent à entretenir cette connexion précieuse.

La sollicitation proactive de recommandations représente une pratique souvent négligée par les freelances par peur de paraître intrusifs ou opportunistes. Cette réticence naturelle nous prive pourtant d'un levier majeur de développement. J'ai surmonté cette barrière psychologique en intégrant systématiquement une phase de "clôture positive" à la fin de chaque projet réussi, créant un moment naturel pour cette demande.

Les programmes de parrainage structurés amplifient considérablement l'efficacité du bouche à oreille spontané[4]. Ma propre expérience confirme la puissance de cette approche : mon programme "Clients Ambassadeurs" offre une réduction de 15% sur la prochaine prestation pour tout client qui me recommande efficacement à un prospect qualifié. Ce système simple a multiplié par trois mes recommandations actives en moins de six mois.

La mise en place d'un tel programme requiert une réflexion stratégique sur plusieurs dimensions critiques :

- **Structure incitative équilibrée** : récompenses suffisamment attractives pour motiver l'action sans compromettre votre rentabilité
- **Simplicité opérationnelle** : processus fluide nécessitant un minimum d'effort de la part du client prescripteur
- **Communication claire** : explication transparente des modalités et des bénéfices du programme
- **Suivi rigoureux** : traçabilité parfaite des recommandations pour garantir la reconnaissance appropriée
- **Valorisation explicite** : remerciement sincère et personnalisé pour chaque recommandation, indépendamment de sa conversion

L'animation stratégique de vos réseaux sociaux professionnels constitue un amplificateur puissant du bouche à oreille traditionnel[5]. Les plateformes comme LinkedIn, Twitter ou Facebook professionnelle permettent à vos clients satisfaits de partager leur expérience positive avec un réseau étendu, démultipliant l'impact de leur recommandation individuelle. La clé réside dans la création régulière de contenu pertinent et engageant qui incite naturellement au partage.

Ma stratégie de contenu social s'articule autour de quatre piliers complémentaires qui génèrent constamment des interactions et des partages :

1. **Études de cas anonymisées** : présentation concise de problématiques client et de solutions apportées
2. **Insights sectoriels** : analyses de tendances ou d'évolutions pertinentes pour mon audience cible
3. **Témoignages clients** : partage authentique d'expériences positives (avec autorisation préalable)
4. **Contenus éducatifs** : ressources pratiques démontrant mon expertise tout en apportant une valeur immédiate

La collaboration avec des influenceurs sectoriels représente une extension stratégique du bouche à oreille classique[5]. Ces prescripteurs, suivis pour leur expertise dans votre domaine, peuvent considérablement amplifier votre visibilité auprès d'une audience qualifiée. Ma propre expérience confirme l'efficacité de cette approche, particulièrement lorsqu'elle est construite sur une relation authentique plutôt que sur une simple transaction commerciale.

La recherche d'influenceurs pertinents nécessite une approche méthodique :

- **Identification ciblée** : recherche de voix respectées spécifiquement dans votre niche professionnelle
- **Analyse qualitative** : évaluation de leur crédibilité, de leur engagement auprès de leur communauté et de l'alignement avec vos valeurs
- **Approche progressive** : construction d'une relation mutuelle avant toute sollicitation directe
- **Proposition de valeur claire** : articulation précise des bénéfices réciproques d'une collaboration
- **Mesure d'impact** : suivi rigoureux des résultats générés pour optimiser les partenariats futurs

La communication stratégique de vos succès et réalisations alimente naturellement le bouche à oreille[5]. Sans tomber dans l'auto-promotion excessive, le partage mesuré de vos accomplissements renforce votre crédibilité et fournit à vos prescripteurs des arguments tangibles pour vous recommander. Cette visibilité contrôlée transforme progressivement votre réputation individuelle en véritable marque professionnelle reconnue.

Les référents sectoriels constituent un cas particulier de prescripteurs potentiellement très influents. Ces professionnels, sans être nécessairement des clients directs, occupent des positions stratégiques leur permettant d'orienter de nombreuses décisions d'achat dans votre domaine. Mon expérience m'a enseigné l'importance d'identifier et de cultiver ces relations précieuses, véritables multiplicateurs d'opportunités sur le marché français.

La création délibérée d'expériences client mémorables génère spontanément un bouche à oreille positif. Au-delà de la simple satisfaction, ces moments marquants déclenchent un désir naturel de partage. J'ai systématisé cette approche en intégrant à chaque projet au moins un "moment wow" soigneusement orchestré : livraison anticipée inattendue, fonctionnalité bonus non facturée, ou ressource personnalisée exclusive. Ces surprises positives, stratégiquement placées, transforment des clients satisfaits en véritables évangélistes de votre marque.

L'optimisation continue de la qualité de vos prestations représente le moteur fondamental d'un bouche à oreille durable[6]. Les clients français accordent une importance particulière à la fiabilité et à l'excellence d'exécution, valeurs profondément ancrées dans notre culture professionnelle. Ma propre discipline d'amélioration permanente, basée sur l'analyse systématique des retours clients, a progressivement élevé la qualité perçue de mes services, générant naturellement davantage de recommandations spontanées.

La réactivité exemplaire face aux remarques et suggestions client renforce considérablement votre réputation[5]. Cette écoute active, suivie d'ajustements concrets et visibles, démontre votre engagement authentique envers l'excellence et la satisfaction client. J'ai transformé plusieurs situations potentiellement problématiques en opportunités de fidélisation exceptionnelles simplement en accueillant les critiques avec ouverture et en implémentant rapidement les améliorations suggérées.

Les communautés professionnelles et les événements sectoriels constituent des amplificateurs naturels de votre bouche à oreille[8]. La participation active à ces écosystèmes renforce votre visibilité et crédibilité auprès de prescripteurs potentiels. Ma présence régulière dans les événements de mon secteur a considérablement élargi mon réseau de recommandations, créant un cercle vertueux où chaque nouvelle connexion génère potentiellement plusieurs opportunités qualifiées.

La mesure systématique de l'efficacité de votre système de recommandations vous permet d'optimiser continuellement votre approche. J'ai développé un tableau de bord simple mais puissant qui suit mensuellement ces indicateurs clés :

1. **Taux de recommandation** : pourcentage de clients qui vous recommandent activement
2. **Valeur moyenne générée** : montant moyen des contrats issus de recommandations
3. **Délai de conversion** : temps écoulé entre la recommandation et la signature
4. **Impact sur la négociation** : influence des recommandations sur la facilité des négociations
5. **Comparaison des segments** : analyse des sources les plus productives de recommandations

Cette vision analytique transforme une pratique souvent intuitive en processus d'amélioration continue mesurable et optimisable. Les insights générés me permettent d'affiner constamment ma stratégie de bouche à oreille pour maximiser son impact sur mon développement commercial.

Le développement méthodique d'un système de recommandations actives représente sans doute l'investissement marketing le plus rentable pour tout freelance français. Contrairement aux approches publicitaires traditionnelles, cette stratégie génère des prospects hautement qualifiés, déjà convaincus de votre valeur et prédisposés à vous faire confiance. Ce capital réputationnel, construit patiemment, constitue progressivement votre actif professionnel le plus précieux sur le marché compétitif du freelancing en France.

5. Assurer Votre Croissance Durable : Pérennisez et Développez Votre Activité Freelance Prospère

La pérennité représente le véritable défi du freelancing réussi. Nombreux sont ceux qui parviennent à démarrer leur activité indépendante en France, mais combien réussissent à construire une entreprise véritablement durable et épanouissante sur le long terme ? Cette question m'a obsédé pendant mes premières années de freelance, où l'incertitude du lendemain occupait constamment mes pensées malgré des débuts prometteurs.

Le passage d'une activité freelance opportuniste à une entreprise individuelle stratégique et pérenne constitue l'étape décisive de votre évolution professionnelle. Ce chapitre vous guidera méthodiquement à travers cette transformation essentielle qui sépare les freelances occasionnels des entrepreneurs indépendants prospères sur le marché français.

Derrière chaque freelance épanoui sur la durée se cache une architecture invisible mais robuste : un système d'activité cohérent plutôt qu'une simple accumulation de missions successives. Ma propre expérience confirme cette réalité fondamentale. Après trois années de montagnes russes émotionnelles et financières, j'ai radicalement transformé mon approche pour bâtir les structures et processus qui m'ont permis d'atteindre une stabilité enviable.

Le marché français du freelancing présente des spécificités qu'il convient de maîtriser pour assurer votre croissance durable. Contrairement à certains marchés anglo-saxons davantage orientés vers la transaction ponctuelle, l'écosystème hexagonal valorise particulièrement les relations de confiance établies sur le long terme. Cette particularité culturelle, initialement contraignante, devient un puissant avantage compétitif pour qui sait l'exploiter intelligemment.

La pérennisation de votre activité indépendante repose sur plusieurs piliers fondamentaux que nous explorerons méthodiquement dans ce chapitre :

- **L'analyse stratégique régulière** : mise en place d'un tableau de bord personnalisé pour piloter efficacement votre développement
- **L'adaptation continue de votre offre** : évolution de vos services et de votre positionnement pour maintenir votre pertinence sur un marché changeant
- **La diversification raisonnée** : exploration de nouvelles sources de revenus complémentaires pour réduire votre dépendance aux aléas conjoncturels
- **L'optimisation opérationnelle** : perfectionnement constant de vos processus internes pour gagner en efficacité et en rentabilité
- **La vision stratégique à long terme** : définition claire des directions futures pour votre activité et préparation méthodique des transitions majeures

Le développement d'indicateurs de performance pertinents transforme radicalement votre capacité à piloter efficacement votre activité. Pendant mes premières années de freelance, je naviguais à vue, sans données objectives pour guider mes décisions. L'implémentation d'un tableau de bord personnalisé a radicalement transformé ma perception et ma gestion, me permettant d'anticiper les tendances plutôt que de simplement réagir aux événements.

Les métriques cruciales à surveiller dépassent largement le simple suivi de votre chiffre d'affaires. Votre taux de conversion commercial, la durée moyenne de vos missions, votre valeur client lifetime, votre taux de recommandation ou encore votre profitabilité par type de prestation constituent autant d'indicateurs révélateurs de la santé réelle de votre activité. Ces données, analysées régulièrement, vous permettent d'identifier précocement vos leviers de croissance et vos axes d'amélioration prioritaires.

L'évolution constante de votre offre de services représente une nécessité vitale sur le marché compétitif du freelancing français. Une proposition de valeur qui reste figée devient progressivement moins pertinente face aux attentes changeantes des clients et à l'évolution rapide des technologies et méthodologies. Les freelances prospères cultivent une discipline d'innovation continue, questionnant régulièrement la pertinence de leur positionnement.

Le raffinement progressif de votre politique tarifaire constitue un levier majeur pour votre croissance durable. L'approche naïve consistant à simplement augmenter vos tarifs proportionnellement à votre expérience néglige les subtilités stratégiques d'une tarification optimale. Les dimensions multiples à considérer incluent la segmentation de votre clientèle, la valeur perçue de vos différentes prestations, les cycles économiques sectoriels ou encore la psychologie des prix sur le marché français.

La diversification intelligente de vos sources de revenus transforme radicalement votre résilience face aux aléas économiques. La dépendance excessive aux missions ponctuelles vous expose dangereusement aux fluctuations du marché. Les freelances expérimentés développent généralement plusieurs flux de revenus complémentaires : contrats récurrents, offres packagées, produits digitaux, formation, conseil stratégique, ou même investissements passifs générés par les fruits de leur activité principale.

La création de produits numériques constitue une extension naturelle de votre expertise freelance. Ces actifs, qu'il s'agisse de templates, de guides, de formations en ligne ou d'applications, présentent l'avantage considérable d'être développés une fois puis vendus de manière répétée sans effort supplémentaire proportionnel. Cette dimension "scalable" complète harmonieusement la nature intrinsèquement limitée de la vente de votre temps en tant que prestataire de services.

L'optimisation de vos processus internes libère un potentiel de croissance considérable souvent négligé. Chaque heure économisée sur vos tâches administratives, votre prospection ou votre production représente potentiellement une heure facturable supplémentaire ou du temps investi dans le développement stratégique de votre activité. J'ai personnellement doublé ma productivité effective en perfectionnant méthodiquement mes systèmes de travail.

La construction progressive d'une équipe, même informelle, ouvre des perspectives nouvelles pour dépasser les limites inhérentes au modèle du freelance solitaire. La collaboration avec d'autres indépendants, le recours ponctuel à la sous-traitance ou même l'embauche de prestataires spécialisés pour certaines fonctions vous permettent d'étendre votre capacité de production tout en vous concentrant sur vos activités à plus forte valeur ajoutée.

Les transitions majeures de votre parcours entrepreneurial nécessitent une préparation minutieuse. Qu'il s'agisse d'une évolution vers une structure d'agence, d'une spécialisation accrue, d'une internationalisation ou même d'une éventuelle cession de votre activité, ces virages stratégiques exigent une vision claire et une planification méticuleuse. Les freelances prospères cultivent activement cette réflexion sur leur évolution à long terme plutôt que de la subir passivement.

La transmission de votre expertise constitue paradoxalement un accélérateur puissant de votre propre développement. Le partage de vos connaissances, que ce soit à travers du contenu éducatif, du mentorat ou des formations, renforce votre positionnement d'expert tout en créant potentiellement de nouvelles sources de revenus. Cette dynamique vertueuse transforme votre expérience accumulée en actif stratégique valorisable sur le marché.

L'équilibre subtil entre croissance et qualité de vie représente peut-être le défi le plus profond du freelancing durable. L'expansion de votre activité ne doit jamais compromettre les aspirations personnelles qui vous ont initialement attiré vers l'indépendance professionnelle. Cette harmonie exige une conscience aiguë de vos priorités véritables et une discipline constante dans la conception de votre modèle d'activité.

La résilience face aux inévitables cycles économiques distingue les freelances pérennes des prestataires opportunistes. Le marché français connaît régulièrement des périodes de contraction qui mettent à l'épreuve la solidité de votre modèle d'affaires. La préparation proactive à ces phases plus difficiles, tant financièrement que psychologiquement, constitue une compétence cruciale que nous explorerons ensemble.

La prévoyance financière représente un pilier souvent négligé du développement durable en freelance. Au-delà de la simple gestion de trésorerie à court terme, une planification stratégique inclut la constitution progressive d'un patrimoine professionnel et personnel, la préparation de votre retraite ou encore l'anticipation des besoins de financement pour vos futures évolutions. Cette vision patrimoniale transforme fondamentalement votre relation au présent et à l'avenir.

Les chapitres suivants exploreront méthodiquement chacune de ces dimensions essentielles de votre croissance durable. Vous découvrirez comment analyser finement vos performances actuelles, affiner continuellement votre offre, diversifier stratégiquement vos revenus et préparer sereinement les prochaines étapes de votre parcours entrepreneurial. Ces compétences avancées, maîtrisées progressivement, vous permettront de transformer une activité freelance initialement fragile en entreprise individuelle robuste et épanouissante sur le long terme.

5.1 Analyser Vos Performances Clés et Ajuster Votre Stratégie pour une Expansion Continue et Maîtrisée

5.1.1 Suivre Vos Indicateurs Clés de Performance (KPIs) Pertinents et Identifier les Axes d'Amélioration Prioritaires

Mesurer sa progression reste impossible sans points de repère précis. Cette vérité fondamentale m'est apparue brutalement lors de ma troisième année d'activité, quand malgré une impression subjective de "bonne santé" de mon entreprise, je me suis retrouvé incapable de répondre précisément à la question : "Mon activité progresse-t-elle réellement ?" Ce moment de clarté a transformé radicalement mon approche du pilotage de mon activité freelance.

La mise en place d'un tableau de bord personnalisé constitue l'une des décisions les plus transformatrices que j'ai prises dans mon parcours d'indépendant. Loin d'être un simple exercice comptable, cette pratique m'a permis de passer d'une navigation à vue, soumise aux aléas émotionnels, à un pilotage stratégique basé sur des données objectives et actionnables.

Le marché freelance français présente des spécificités qui influencent directement le choix des indicateurs pertinents à suivre. Les cycles saisonniers marqués, la sensibilité accrue aux variations économiques ou encore les délais de paiement particulièrement longs constituent autant de paramètres à intégrer dans votre système de mesure pour qu'il reflète fidèlement la réalité de votre activité.

La première étape consiste à sélectionner judicieusement vos KPIs (Key Performance Indicators). Attention à ne pas tomber dans le piège de la surcharge informationnelle : trop d'indicateurs noient les signaux pertinents dans un bruit de fond inutile. Ma propre expérience m'a conduit à privilégier un nombre limité de métriques véritablement significatives, organisées en quatre catégories fondamentales :

- **Indicateurs commerciaux** : mesurent votre capacité à générer des opportunités et à les convertir en projets concrets
- **Indicateurs financiers** : évaluent la santé économique et la rentabilité de votre activité
- **Indicateurs de productivité** : quantifient votre efficacité opérationnelle et l'utilisation optimale de votre temps
- **Indicateurs de satisfaction client** : captent la qualité perçue de vos prestations et votre capacité à fidéliser

Les métriques commerciales vous permettent d'objectiver votre processus d'acquisition et de conversion des opportunités. Les plus révélateurs incluent votre taux de conversion (nombre de propositions transformées en missions), votre délai moyen de conversion (temps écoulé entre le premier contact et la signature), et votre répartition par canal d'acquisition (quelle proportion de vos clients provient de chaque source : plateformes, réseau, recommandations).

L'analyse fine de ces données commerciales révèle souvent des insights stratégiques majeurs. Pour ma part, j'ai découvert que mon taux de conversion sur les opportunités issues de recommandations atteignait 78%, contre seulement 23% pour les contacts générés par les plateformes. Cette prise de conscience a radicalement réorienté ma stratégie d'acquisition vers la stimulation systématique du bouche-à-oreille.

Vos indicateurs financiers constituent le thermomètre indispensable de votre santé économique. Au-delà du simple chiffre d'affaires, surveillez attentivement :

1. **Votre taux horaire effectif réel** : montant gagné divisé par les heures réellement travaillées (y compris prospection, administration, etc.)
2. **Votre marge nette** : pourcentage restant après déduction de toutes les charges
3. **Votre prévisionnel de trésorerie** : vision à 3-6 mois de vos encaissements et décaissements
4. **Votre ratio clients actifs/dormants** : proportion de clients avec qui vous avez travaillé récemment
5. **Votre délai moyen de paiement** : temps écoulé entre facturation et règlement effectif

La valeur client lifetime représente un indicateur particulièrement stratégique que trop peu de freelances suivent consciencieusement. Ce concept mesure le revenu total généré par un client sur l'ensemble de votre relation. Son calcul révèle souvent qu'un client peu rémunérateur initialement peut devenir extrêmement rentable sur la durée grâce aux missions récurrentes et aux recommandations qu'il génère.

La saisonnalité de votre activité mérite une attention spéciale dans votre analyse. Le marché français présente des cycles particulièrement marqués, avec des périodes traditionnellement creuses (été, fin décembre) et des pics d'activité (rentrée de septembre, début d'année). L'identification précise de ces patterns vous permet d'anticiper les fluctuations plutôt que de les subir, en planifiant proactivement vos actions commerciales et votre trésorerie.

Les indicateurs de productivité vous aident à optimiser votre ressource la plus précieuse : votre temps. Mesurer précisément la répartition de vos heures entre production facturée, prospection, administration et développement personnel vous révélera souvent des déséquilibres insoupçonnés. Mon propre tracking a mis en lumière que je consacrais initialement près de 40% de mon temps à des tâches administratives optimisables ou automatisables.

L'analyse de la rentabilité par type de prestation transforme radicalement votre vision stratégique. Calculez systématiquement le taux horaire effectif réel de chacune de vos offres, en intégrant toutes les heures invisibles (préparation, coordination, révisions). Cette pratique révèle fréquemment que certaines prestations apparemment lucratives s'avèrent peu rentables une fois comptabilisé tout le temps réellement investi.

La satisfaction client, bien que plus qualitative, peut et doit être mesurée objectivement. Des indicateurs comme votre Net Promoter Score (NPS), votre taux de renouvellement de mission ou le délai de prise de contact après recommandation permettent de quantifier cette dimension cruciale. Sur le marché français, particulièrement sensible à la qualité relationnelle, ces métriques préfigurent souvent vos résultats commerciaux futurs.

La mise en place d'un système de collecte de données simple mais rigoureux transforme l'exercice théorique en pratique concrète. Nul besoin d'outils sophistiqués pour démarrer : un simple tableur avec des catégories claires et une discipline de mise à jour régulière suffit. La clé réside dans la constance de la collecte plutôt que dans la sophistication du système.

Les outils numériques facilitent considérablement ce suivi systématique. Des solutions comme Toggl pour le tracking de temps, QuickBooks pour la comptabilité, Pipedrive pour le suivi commercial ou encore Notion pour la centralisation des données offrent des tableaux de bord visuels qui transforment des chiffres bruts en insights actionnables. J'ai personnellement opté pour une solution intégrée qui me permet de visualiser l'ensemble de mes KPIs sur une seule interface.

La comparaison temporelle de vos indicateurs révèle les véritables tendances de fond de votre activité. Établissez systématiquement des analyses mois/mois et année/année pour identifier les progressions, stagnations ou régressions significatives. Cette vision dynamique transcende les fluctuations quotidiennes pour révéler les mouvements stratégiques réels de votre entreprise.

L'analyse croisée des différentes métriques dévoile des corrélations souvent révélatrices. Par exemple, un taux de satisfaction client en baisse précède généralement une diminution du taux de recommandation, qui impactera à son tour votre chiffre d'affaires quelques mois plus tard. Ces relations causales, une fois identifiées, vous permettent d'agir sur les indicateurs avancés plutôt que de constater les conséquences sur les indicateurs retardés.

La définition d'objectifs chiffrés précis pour chaque KPI transforme le simple suivi en véritable outil stratégique. En fixant des cibles réalistes mais ambitieuses, vous créez une tension positive qui oriente naturellement vos décisions quotidiennes. Cette pratique développe progressivement une culture de l'amélioration continue, où chaque écart devient une opportunité d'apprentissage plutôt qu'un simple constat.

Le benchmarking sectoriel enrichit considérablement votre analyse en contextualisant vos performances. Des organisations comme la Fédération des Auto-Entrepreneurs ou l'UPPFRP (Union des Professionnels de la Presse et de la Rédaction Professionnelle) publient régulièrement des données sectorielles qui vous permettent de situer vos résultats par rapport aux moyennes de votre domaine d'activité sur le marché français.

Les revues de performance trimestrielles constituent un rituel stratégique particulièrement efficace. Ces sessions dédiées vous permettent de prendre du recul sur votre activité, d'identifier les tendances émergentes et de réajuster vos priorités. J'organise personnellement ces revues en trois temps : analyse des résultats, identification des facteurs explicatifs, et définition des actions correctives prioritaires.

La priorisation des axes d'amélioration représente l'aboutissement logique de votre analyse. Face aux multiples opportunités d'optimisation révélées par vos KPIs, concentrez-vous sur les leviers à fort impact et faible complexité de mise en œuvre. Cette approche pragmatique vous évitera de disperser vos efforts sur des chantiers secondaires au détriment des transformations véritablement structurantes.

L'automatisation progressive de votre tableau de bord libère un temps précieux tout en améliorant la fiabilité de vos données. Des solutions comme Zapier permettent d'interconnecter vos différents outils métiers pour alimenter automatiquement vos indicateurs sans saisie manuelle. Cette évolution technique vous permet de consacrer votre énergie à l'analyse stratégique plutôt qu'à la collecte fastidieuse des données.

La visualisation graphique de vos KPIs amplifie considérablement l'impact de votre analyse. Notre cerveau traite plus efficacement l'information visuelle que les données numériques brutes. Des graphiques simples mais pertinents transforment des tableaux de chiffres en insights immédiatement actionnables, révélant instantanément tendances, corrélations et anomalies significatives.

Le partage sélectif de certains indicateurs avec vos partenaires ou collaborateurs renforce l'alignement stratégique de votre écosystème professionnel. Cette transparence ciblée crée une compréhension commune des enjeux et mobilise l'intelligence collective autour de vos objectifs prioritaires. J'ai personnellement constaté que le partage de mon tableau de "santé client" avec mes partenaires freelances a considérablement amélioré notre coordination commerciale.

5.1.2 Adapter Votre Offre de Services et Votre Politique Tarifaire en Fonction de l'Évolution du Marché Français

Le marché du freelancing français évolue à une vitesse vertigineuse. L'adaptation constante de votre offre et de votre politique tarifaire ne constitue pas une option mais une nécessité vitale pour votre pérennité. J'ai personnellement observé comment les freelances qui maintiennent une approche statique finissent par voir leur activité s'éroder progressivement, tandis que ceux qui embrassent l'évolution prospèrent même dans les périodes économiques incertaines.

Les statistiques récentes confirment cette tendance accélérée : avec une croissance de 92% du nombre de freelances en France entre 2009 et 2022, atteignant plus d'un million de professionnels indépendants, la concurrence s'intensifie dans tous les secteurs. Cette évolution quantitative s'accompagne d'une sophistication qualitative du marché, où les clients deviennent plus exigeants et mieux informés sur leurs options.

Votre capacité d'adaptation représente désormais votre avantage compétitif le plus précieux. Les freelances qui prospèrent durablement développent une sensibilité aiguë aux signaux du marché et une agilité remarquable pour ajuster leur positionnement en conséquence. Cette intelligence stratégique transforme chaque évolution du paysage professionnel en opportunité plutôt qu'en menace.

La refonte périodique de votre offre de services constitue un exercice stratégique crucial. Les services qui vous ont permis de démarrer ne seront probablement pas ceux qui soutiendront votre croissance à long terme. Sur le marché français, j'observe généralement trois phases distinctes dans l'évolution d'une offre freelance réussie :

1. **Phase initiale de généralisme** : proposition large pour capter un maximum d'opportunités et identifier les domaines de traction
2. **Phase intermédiaire de spécialisation** : concentration sur les services générant le meilleur ratio effort/rentabilité et différenciation sectorielle
3. **Phase mature d'expertise distinctive** : développement d'offres à haute valeur ajoutée basées sur une compétence rare ou une méthodologie propriétaire

L'identification des tendances émergentes sur le marché français vous permet d'anticiper les évolutions plutôt que de les subir. Plusieurs signaux méritent votre attention vigilante :

- **Évolutions technologiques** : nouveaux outils, plateformes ou méthodologies transformant votre secteur
- **Mutations sectorielles** : changements structurels dans les industries que vous servez
- **Évolutions réglementaires** : nouvelles législations impactant votre domaine d'expertise ou celui de vos clients
- **Transformations sociétales** : évolution des valeurs, préférences ou comportements influençant la demande
- **Mouvements concurrentiels** : repositionnements stratégiques observés chez vos concurrents directs

Le marché français du freelancing en 2025 présente plusieurs tendances de fond que vous devez impérativement intégrer dans votre réflexion stratégique. L'intelligence artificielle, le cloud computing et la data science figurent parmi les compétences les plus recherchées, tandis que la demande pour des expertises en transformation digitale continue de croître fortement. Cette évolution crée simultanément des menaces pour certains services traditionnels et des opportunités pour de nouvelles propositions de valeur.

La segmentation fine de votre clientèle éclaire puissamment votre stratégie d'adaptation. Tous vos clients ne présentent pas le même potentiel d'évolution ni la même sensibilité aux changements de votre offre. J'ai personnellement révolutionné ma rentabilité en identifiant trois segments distincts dans ma base de clients :

- **Clients fidèles stabilisés** : partenaires de longue date avec des besoins récurrents et prévisibles
- **Clients en développement accéléré** : organisations en croissance rapide avec des besoins diversifiés et évolutifs
- **Clients exploratoires** : nouveaux secteurs ou typologies de clients testés pour leur potentiel futur

Cette segmentation vous permet de déployer des stratégies d'évolution différenciées pour chaque catégorie, maximisant ainsi vos chances de succès tout en minimisant les risques associés au changement. Elle vous aide également à identifier où concentrer vos efforts d'innovation et de développement.

La politique tarifaire constitue un levier stratégique trop souvent sous-exploité par les freelances français. Une étude récente révèle que seulement 39% des freelances français ont augmenté leurs tarifs face à l'inflation, contre 55% de leurs homologues européens. Cette prudence excessive limite dangereusement votre potentiel de croissance et votre capacité d'investissement dans le développement de votre activité.

L'évolution tarifaire intelligente s'appuie sur plusieurs facteurs complémentaires :

1. **Votre expertise accrue** : l'expérience acquise accroît naturellement la valeur de vos interventions
2. **L'évolution du marché** : ajustement aux nouvelles réalités économiques (inflation, rareté des compétences)
3. **Votre repositionnement stratégique** : modification de votre positionnement vers des segments à plus forte valeur ajoutée
4. **L'enrichissement de votre offre** : intégration de nouveaux services ou garanties justifiant une revalorisation

5. **La sophistication de vos processus** : amélioration de votre méthodologie générant des résultats supérieurs

Le timing des ajustements tarifaires revêt une importance critique. Les moments les plus propices incluent le début d'année, l'arrivée de nouveaux clients, le lancement d'une offre enrichie ou l'obtention d'une certification valorisante. J'ai personnellement établi une discipline d'augmentation annuelle minimale de 5 à 10%, indépendamment de toute autre considération, simplement pour refléter ma progression en expertise et en efficacité.

La stratégie de communication autour des évolutions tarifaires mérite une attention particulière. Pour les clients existants, privilégiez une annonce personnalisée avec un préavis raisonnable, idéalement en liant cette évolution à une amélioration tangible de votre proposition de valeur. Pour les nouveaux clients, intégrez directement vos nouveaux tarifs sans référence aux grilles précédentes.

La diversification horizontale de vos services peut considérablement enrichir votre proposition de valeur. Cette approche consiste à développer des offres complémentaires répondant à des besoins adjacents de vos clients actuels. Un développeur web peut ainsi ajouter l'optimisation SEO, un consultant marketing peut intégrer l'analyse data, ou un rédacteur peut proposer la gestion de communauté.

La verticalisation représente une autre voie d'évolution particulièrement puissante sur le marché français. Cette stratégie consiste à approfondir votre expertise dans un secteur ou une problématique spécifique pour devenir une référence incontournable. La spécialisation sectorielle (santé, luxe, industrie) ou fonctionnelle (RGPD, cybersécurité, transformation digitale) crée une différenciation forte qui justifie naturellement un positionnement premium.

Les structures tarifaires innovantes peuvent transformer radicalement votre attractivité et votre rentabilité. Au-delà du simple taux journalier ou horaire, explorez ces modèles alternatifs particulièrement efficaces sur le marché français :

- **Tarification à la valeur** : rémunération partiellement indexée sur les résultats générés
- **Forfaits modulaires** : combinaison flexible de services packagés selon les besoins spécifiques
- **Abonnements récurrents** : services continus facturés mensuellement pour stabiliser vos revenus
- **Tarification progressive** : structure évolutive en fonction du volume d'activité ou de la durée de la relation
- **Modèles hybrides** : combinaison de plusieurs approches adaptées au contexte spécifique du client

L'expérimentation méthodique de nouvelles offres minimise les risques tout en maximisant vos chances de découvrir des positionnements porteurs. Testez vos nouvelles propositions auprès d'un échantillon limité de clients existants ou sur un segment spécifique du marché avant un déploiement à grande échelle. Cette approche prudente vous permet d'affiner votre offre en fonction des retours réels tout en préservant votre base d'activité établie.

La veille concurrentielle intensive éclaire puissamment vos décisions d'adaptation. Surveillez attentivement comment les freelances leaders de votre secteur font évoluer leurs services et leur politique tarifaire. Cette observation n'implique pas une imitation servile mais plutôt une compréhension fine des tendances du marché qui vous permettra de vous positionner stratégiquement, soit en suivant le mouvement général, soit en créant délibérément un contraste différenciant.

L'adaptation constante de votre offre et de vos tarifs représente un exercice d'équilibre délicat entre innovation et stabilité. Une évolution trop fréquente peut dérouter vos clients fidèles tandis qu'une stagnation excessive vous condamne à l'obsolescence progressive. Cette tension créative, gérée avec intelligence, devient le moteur même de votre développement durable sur le marché français du freelancing.

5.2 Explorer les Voies de Diversification Stratégique et de Développement à Long Terme pour Votre Avenir de Freelance

5.2.1 Envisager la Création de Nouvelles Prestations Complémentaires ou le Développement de Produits Numériques Rentables

La dépendance exclusive aux prestations de services traditionnelles limite considérablement votre potentiel de croissance en freelance. J'ai découvert cette réalité lors d'une période creuse de trois mois entre deux projets majeurs, qui m'a poussé à explorer des sources de revenus alternatives. Cette exploration a transformé non seulement ma stabilité financière, mais mon approche complète du freelancing en France.

Le paysage du freelancing en 2025 exige une diversification stratégique. Avec plus de 1,2 million de freelances opérant désormais en France, un nombre qui croît d'environ 15% par an selon les dernières statistiques, la concurrence s'intensifie quotidiennement. Se démarquer nécessite plus qu'un service exceptionnel, mais une approche commerciale multidimensionnelle qui étend votre impact tout en stabilisant vos revenus.

La création de services complémentaires représente la première étape la plus accessible vers la diversification. Cette stratégie s'appuie directement sur votre expertise existante tout en ouvrant de nouveaux segments de marché. Lorsque j'ai ajouté du conseil stratégique à mes services d'implémentation, j'ai non seulement augmenté la valeur moyenne de mes clients de 40%, mais je me suis également positionné comme un fournisseur de solutions plus complet à leurs yeux.

Pour identifier vos services complémentaires les plus prometteurs, envisagez cette approche systématique :

- **Expansion en amont** : quels services les clients ont-ils généralement besoin avant de faire appel à votre offre principale ? Pour un développeur web, cela pourrait inclure la conception UX/UI ou la stratégie de contenu
- **Extension en aval** : que nécessitent les clients après votre service principal ? Un graphiste pourrait ajouter la mise en œuvre de chartes graphiques ou la création d'actifs pour les réseaux sociaux
- **Expertise adjacente** : quelles compétences connexes complètent naturellement votre offre principale ? Un rédacteur pourrait s'étendre à l'optimisation SEO ou aux séquences d'emails marketing
- **Transfert de connaissances** : comment pourriez-vous enseigner aux autres certains aspects de votre métier ? Animation d'ateliers ou sessions de coaching individuel exploitent différemment votre expertise
- **Amplification des résultats** : quels services aident les clients à maximiser la valeur de votre livrable principal ? Un consultant marketing pourrait ajouter un support d'implémentation ou la mesure des résultats

La tendance à la spécialisation verticale mise en évidence dans les récents rapports sectoriels crée des opportunités particulières pour le développement de services complémentaires. Le marché freelance de 2025 récompense de plus en plus l'expertise approfondie dans des niches spécifiques plutôt que les capacités générales. Cette évolution suggère de développer des services complémentaires qui renforcent votre positionnement spécialisé plutôt que de l'élargir horizontalement.

La psychologie derrière une expansion réussie de services mérite une attention particulière. Les clients qui vous font déjà confiance pour un service rencontrent une barrière psychologique beaucoup plus basse pour acheter des offres supplémentaires. Cette relation établie constitue la base parfaite pour introduire de nouveaux services grâce à une approche réfléchie, axée sur la valeur, plutôt que sur une vente agressive.

Les produits numériques représentent une autre voie puissante de diversification, offrant la promesse séduisante de revenus passifs. Contrairement au travail basé sur les services, limité par vos heures disponibles, les actifs numériques peuvent générer des revenus pendant votre sommeil. Ma propre expérience de création d'un système de templates spécialisé pour ma niche a démontré ce potentiel. Après six mois d'efforts de développement, il génère maintenant environ 30% de mon revenu total avec un entretien minimal.

Le spectre des produits numériques potentiels couvre divers formats et niveaux de complexité :

1. **Ressources éducatives** : ebooks, guides complets, cours vidéo ou programmes de formation spécialisés
2. **Outils logiciels** : plugins, applications, extensions de navigateur ou utilitaires spécialisés
3. **Ressources graphiques** : templates, kits UI, ensembles d'icônes ou éléments graphiques prêts à l'emploi
4. **Bibliothèques de code** : composants réutilisables, frameworks ou raccourcis de développement
5. **Communautés privées** : forums payants, groupes mastermind ou plateformes de contenu exclusif

La validation par le marché devient absolument cruciale avant d'investir un temps significatif dans le développement de produits numériques. J'ai vu de nombreux collègues freelances consacrer des mois à créer des offres numériques qui ont généré des retours minimes en raison d'une recherche de marché insuffisante. Avant d'engager des ressources substantielles, testez votre concept grâce à ces méthodes de validation :

- **Approche de prévente** : proposez le produit avec une remise avant de le créer pour évaluer l'intérêt d'achat réel
- **Produit minimum viable** : développez uniquement les fonctionnalités essentielles pour tester la réponse du marché avant un développement complet
- **Sondage auprès de votre audience** : demandez directement à votre réseau existant leur volonté de payer pour la solution que vous proposez
- **Analyse concurrentielle** : recherchez minutieusement des offres similaires pour identifier les points de différenciation potentiels
- **Tests à petite échelle** : lancez une version simplifiée à un public limité pour recueillir des commentaires et affiner le concept

La relation complémentaire entre services et produits crée des synergies particulièrement puissantes lorsqu'elle est orchestrée avec soin. Vos clients de services deviennent des prospects naturels pour des produits connexes, tandis que les acheteurs de produits se convertissent souvent en clients de services recherchant une personnalisation ou une assistance à la mise en œuvre. Ce cercle vertueux accélère les deux flux de revenus lorsqu'il est correctement entretenu.

Les aspects techniques de la livraison de produits numériques nécessitent une réflexion dès le début de votre processus de planification. De nombreuses plateformes facilitent différents modèles de distribution :

- **Plateformes de cours** : Teachable, Thinkific ou Podia pour le contenu éducatif
- **Places de marché** : Creative Market, ThemeForest ou Gumroad pour les ressources graphiques et templates
- **Services d'abonnement** : Patreon, Substack ou Ghost pour la monétisation de contenu récurrent
- **Solutions auto-hébergées** : WooCommerce, Easy Digital Downloads ou implémentations sur site web personnalisé

- **Distribution logicielle** : App Store, Google Play ou options de téléchargement direct pour les applications

La stratégie de tarification des produits numériques diffère fondamentalement de celle des services. Alors que les tarifs de services reflètent généralement la valeur horaire et le positionnement sur le marché, la tarification des produits numériques doit considérer des facteurs comme l'investissement de développement, les attentes du marché, la valeur perçue et le volume souhaité. Tester différents points de prix révèle souvent une élasticité surprenante, parfois des prix plus élevés augmentent réellement les ventes en renforçant la valeur perçue.

Les exigences marketing pour les produits numériques demandent une attention distincte de votre stratégie de promotion de services. Alors que les clients de services peuvent vous trouver via des plateformes ou des recommandations, les acheteurs de produits découvrent généralement les offres par le marketing de contenu, la preuve sociale ou des partenariats stratégiques. Cette distinction nécessite de développer de nouvelles compétences marketing ou potentiellement de collaborer avec des spécialistes de la promotion de produits numériques.

Les modèles de licence créatifs ouvrent des possibilités supplémentaires pour monétiser vos créations numériques. Les options vont des simples achats uniques aux abonnements récurrents, licences de site, droits d'utilisation par niveaux, ou même licences personnalisées pour des applications spécifiques. Chaque modèle répond à différents besoins clients tout en optimisant potentiellement vos revenus selon la manière dont les clients extraient de la valeur de votre création.

Le facteur d'évolutivité représente peut-être l'argument le plus convaincant pour le développement de produits numériques. Alors que votre capacité de service atteint des limites naturelles basées sur votre temps disponible, les produits numériques peuvent servir simultanément un nombre virtuellement illimité de clients. Cette différence fondamentale explique pourquoi de nombreux freelances prospères finissent par passer de revenus principalement basés sur les services à des flux de revenus axés sur les produits.

La transition psychologique de prestataire de services à créateur de produits représente un défi pour de nombreux freelances. Le travail de service fournit un retour immédiat et des livrables clairs, tandis que le développement de produit exige une foi soutenue dans la gratification différée. Reconnaître ce changement m'a aidé à surmonter les inévitables moments de doute durant mon premier parcours majeur de création de produit.

Les offres hybrides qui combinent services et produits créent souvent des propositions de valeur particulièrement convaincantes. Les exemples incluent des packages d'implémentation pour vos templates, des services de personnalisation pour votre logiciel, ou des formules de coaching intégrant vos ressources numériques. Ces combinaisons exploitent à la fois la touche personnelle des services et l'évolutivité des produits.

L'allocation du temps présente un défi pratique lorsqu'on équilibre le travail de service et le développement de produits. L'urgence des demandes de service, dictée par les clients, éclipse souvent la nature importante mais non urgente de la création de produits. Établir du temps protégé pour le développement est devenu crucial pour le succès de mon propre produit, en bloquant spécifiquement deux matinées complètes par semaine pour un travail de création sans interruption, indépendamment des demandes de service.

L'évolution de freelance réactif à propriétaire d'entreprise stratégique représente le changement fondamental de mentalité sous-jacent à une diversification réussie. Cette transformation exige de voir au-delà des besoins immédiats des clients pour reconnaître les opportunités plus larges du marché. Les freelances qui prospéreront en 2025 et au-delà se distingueront de plus en plus par cette perspective entrepreneuriale.

5.2.2 Préparer Sereinement l'Évolution Future de Votre Activité : Sous-traitance, Création d'Agence, ou Transmission de Savoir

L'horizon d'évolution d'une activité freelance réussie s'étend bien au-delà du simple accroissement de votre volume d'affaires. Après quelques années de pratique, une question existentielle émerge naturellement : quelle direction souhaitez-vous donner à votre parcours professionnel ? Cette réflexion stratégique distingue les freelances prospères sur le long terme de ceux qui stagnent ou s'épuisent. Ma propre expérience illustre ce tournant décisif lorsque, saturé de missions mais limité par mes 24 heures quotidiennes, j'ai dû repenser fondamentalement mon modèle d'activité.

Les signes d'une nécessaire évolution se manifestent généralement de façon progressive mais reconnaissable. Vous refusez régulièrement des projets intéressants faute de disponibilité. Vos journées s'allongent dangereusement, empiétant sur votre équilibre personnel. Des clients fidèles expriment des besoins qui débordent de votre périmètre d'expertise. Ces indices révèlent non pas un problème mais une opportunité : votre réussite vous impose désormais de passer à l'étape suivante.

La sous-traitance représente souvent la première voie naturelle d'évolution pour le freelance saturé. Ce mécanisme vous permet de déléguer certaines tâches spécifiques à d'autres indépendants tout en conservant la relation client et la supervision globale des projets. L'écosystème freelance français offre aujourd'hui un vivier exceptionnel de talents spécialisés dans tous les domaines, facilitant considérablement cette transition.

Les avantages concrets de cette approche collaborative incluent :

- **Extension de capacité** : accepter plus de projets sans augmenter proportionnellement votre temps de travail personnel
- **Enrichissement de l'offre** : intégrer des compétences complémentaires qui enrichissent votre proposition de valeur
- **Focus stratégique** : vous concentrer sur les aspects à plus forte valeur ajoutée où votre expertise est vraiment distinctive
- **Flexibilité opérationnelle** : adapter votre capacité de production aux fluctuations de la demande sans engagement fixe
- **Test d'évolution** : expérimenter progressivement un modèle d'équipe avant de vous engager dans une structure plus formelle

La sélection rigoureuse de vos partenaires sous-traitants conditionne directement le succès de cette stratégie. Mon expérience m'a enseigné qu'au-delà des compétences techniques, trois critères déterminent la réussite d'une collaboration freelance :

1. **La fiabilité constante** : respect scrupuleux des délais et engagements, même sous pression
2. **L'autonomie opérationnelle** : capacité à travailler avec un minimum de supervision directe
3. **L'alignement culturel** : partage de vos valeurs professionnelles et de votre vision de la qualité

La structuration formelle de ces collaborations mérite une attention particulière. Les zones grises relationnelles génèrent inévitablement des frictions. Établissez clairement les modalités pratiques : tarifs, délais, processus de validation, communication client, propriété intellectuelle, confidentialité et gestion des révisions. Un cadre explicite protège toutes les parties et prévient les malentendus potentiellement dommageables.

La création d'une agence constitue l'étape suivante pour de nombreux freelances souhaitant institutionnaliser leur croissance. Cette évolution implique généralement la constitution d'une structure juridique distincte (SARL, SAS), l'embauche de collaborateurs permanents et l'établissement de processus systématisés. Cette transformation profonde nécessite une préparation minutieuse que j'ai personnellement accompagnée pour plusieurs confrères freelances.

Les questions fondamentales à explorer avant de franchir ce cap incluent :

- **Motivation profonde** : pourquoi souhaitez-vous créer une agence ? La reconnaissance externe, l'impact amplifié ou le patrimoine transmissible sont-ils vos véritables moteurs ?
- **Appétence managériale** : êtes-vous prêt à consacrer une part significative de votre temps à la gestion d'équipe plutôt qu'à votre cœur de métier initial ?
- **Capacité financière** : disposez-vous des ressources nécessaires pour absorber les coûts fixes et la trésorerie requise pendant la phase de développement ?
- **Vision distinctive** : qu'apporterait votre agence que dix freelances indépendants ne pourraient offrir collectivement ?
- **Écosystème porteur** : votre marché et votre réseau peuvent-ils soutenir cette évolution structurelle ?

Le modèle hybride du collectif de freelances gagne en popularité sur le marché français. Cette approche intermédiaire offre de nombreux avantages de l'agence (offre intégrée, capacité élargie, présence renforcée) tout en préservant l'indépendance et la souplesse caractéristiques du freelancing. Des structures comme les CAE (Coopératives d'Activité et d'Emploi) ou les associations professionnelles facilitent désormais cette organisation collective sans les contraintes administratives traditionnelles.

La mise en place réussie d'un collectif repose sur plusieurs piliers structurants :

1. **Gouvernance claire** : établir des règles de fonctionnement explicites et acceptées par tous
2. **Identité commune** : développer une marque collective cohérente avec un positionnement distinctif
3. **Processus partagés** : standardiser suffisamment les méthodes de travail pour garantir une qualité homogène
4. **Règles financières transparentes** : définir précisément la répartition de la valeur et des investissements
5. **Culture collaborative** : nourrir activement l'esprit d'équipe malgré la distance potentielle entre membres

La transmission de savoir représente une autre voie d'évolution particulièrement gratifiante pour le freelance expérimenté. Après avoir accumulé une expertise significative dans votre domaine, partager ces connaissances devient une extension naturelle de votre proposition de valeur. Cette orientation peut prendre diverses formes : formation ponctuelle, mentoring structuré, cours en ligne, conférences ou rédaction d'ouvrages spécialisés.

Les bénéfices multidimensionnels de cette approche comprennent :

- **Diversification des revenus** : création de flux financiers moins dépendants de votre temps disponible
- **Consolidation de l'autorité** : renforcement de votre positionnement d'expert sur votre marché
- **Impact élargi** : influence positive sur davantage de professionnels et d'organisations
- **Renouvellement intellectuel** : obligation de structurer, actualiser et questionner continuellement vos connaissances

- **Satisfaction personnelle** : accomplissement profond lié à l'accompagnement de la réussite d'autrui

L'évolution vers une position plus stratégique de consultant transforme fondamentalement votre relation avec les clients. Plutôt que d'exécuter des missions définies, vous intervenez désormais en amont pour orienter la vision et les décisions structurantes. Cette transition subtile s'opère généralement de façon organique lorsque vos clients reconnaissent la valeur de votre perspective globale au-delà de vos compétences techniques spécifiques.

Les partenariats stratégiques constituent également une voie d'évolution puissante mais souvent sous-estimée. L'association formelle avec des acteurs complémentaires (agences, éditeurs logiciels, institutions) peut démultiplier votre impact et votre portée sans nécessairement transformer radicalement votre modèle opérationnel. Ces alliances, particulièrement pertinentes sur le marché français où les réseaux professionnels jouent un rôle déterminant, génèrent des opportunités inaccessibles au freelance isolé.

La préparation d'une éventuelle cession représente l'horizon ultime de certains parcours freelance. Contrairement aux idées reçues, une activité indépendante bien structurée peut constituer un actif valorisable et transmissible. Cette perspective nécessite cependant une construction méthodique sur plusieurs années pour développer des éléments cessibles : marque reconnue, processus documentés, clientèle fidélisée, contenus propriétaires ou outils distinctifs.

La planification fiscale et patrimoniale de ces évolutions mérite une attention particulière. Les implications en termes d'impôt sur le revenu, de plus-values potentielles, de protection sociale ou de transmission patrimoniale varient considérablement selon les options choisies. Un accompagnement spécialisé par un expert-comptable et un avocat fiscaliste s'avère généralement indispensable pour optimiser ces transitions stratégiques dans le cadre réglementaire français.

La temporalité idéale de ces évolutions dépend de multiples facteurs personnels et professionnels. Mon observation de nombreux parcours freelance m'a permis d'identifier un schéma temporel relativement récurrent :

1. **1-2 ans** : consolidation du positionnement individuel et construction d'une clientèle stable
2. **3-5 ans** : premières expérimentations de sous-traitance et diversification progressive des revenus
3. **5-7 ans** : structuration formelle d'un réseau de partenaires ou création d'une entité collective
4. **7-10 ans** : développement significatif de la transmission de savoir et du positionnement stratégique
5. **10+ ans** : réflexion sur la pérennisation patrimoniale ou la cession potentielle de l'activité

La préparation psychologique de ces transformations ne doit pas être négligée. L'attachement à l'identité de "freelance indépendant" peut paradoxalement freiner des évolutions pourtant souhaitables. L'acceptation progressive d'un rôle plus managérial, plus stratégique ou plus pédagogique implique un véritable travail d'adaptation identitaire que j'ai personnellement traversé lors de ma propre évolution professionnelle.

L'écoute attentive de vos aspirations profondes guide ultimement ces choix stratégiques. Certains freelances épanouis choisiront délibérément de maintenir une pratique individuelle hautement spécialisée plutôt que de s'orienter vers la croissance structurelle. D'autres s'épanouiront pleinement dans la construction d'une organisation collective ambitieuse. La réussite durable réside moins dans la conformité à un modèle prédéfini que dans l'alignement authentique avec vos valeurs et objectifs personnels.

Conclusion

Le parcours du freelance ressemble étrangement à celui d'un alpiniste. Au départ, on contemple le sommet avec un mélange d'excitation et d'appréhension. La montagne paraît imposante, mais l'appel de la liberté et de l'accomplissement personnel est plus fort que les doutes. C'est exactement ce chemin que nous avons parcouru ensemble à travers ces pages, explorant les vallées, contournant les obstacles et atteignant progressivement des altitudes qui offrent une perspective nouvelle sur le paysage professionnel français.

Notre voyage a commencé par une question fondamentale : pourquoi devenir freelance en France ? Nous avons exploré vos motivations profondes, ces forces intérieures qui vous poussent vers l'indépendance malgré les incertitudes. La quête d'autonomie, le désir de construire un parcours professionnel aligné avec vos valeurs personnelles, ou simplement la volonté de reprendre le contrôle de votre temps quotidien. Ces aspirations légitimes constituent le carburant nécessaire pour franchir les premières étapes, souvent les plus intimidantes.

Les plateformes françaises de freelancing représentent aujourd'hui bien plus que de simples intermédiaires techniques. Elles forment un écosystème dynamique où s'entremêlent opportunités, compétences et relations humaines. Malt, Codeur.com, Crème de la Crème ou encore Redacteur.com ont profondément transformé la façon dont les indépendants et les entreprises collaborent sur notre territoire. Ces places de marché numériques ont démocratisé l'accès au travail indépendant tout en créant de nouveaux codes qu'il faut maîtriser pour se démarquer.

Rappelons-nous les mythes que nous avons déconstruits ensemble. Non, le freelancing n'est pas synonyme d'instabilité chronique. Non, il n'est pas nécessaire d'être un expert absolu pour commencer. Non, les démarches administratives françaises ne sont pas insurmontables. Ces croyances limitantes, une fois dissipées, libèrent un espace mental précieux pour se concentrer sur l'essentiel : bâtir une activité indépendante solide et épanouissante sur notre marché national.

La préparation stratégique constitue indéniablement la pierre angulaire de votre réussite future. Nous avons exploré méthodiquement comment structurer votre offre de services, définir votre positionnement unique, et construire une grille tarifaire qui valorise justement votre expertise. Cette phase fondatrice, trop souvent précipitée par impatience ou sous-estimée par naïveté, mérite toute votre attention. Les heures investies dans cette réflexion préliminaire vous rapporteront au centuple dans votre parcours d'indépendant.

Votre présence numérique sur les plateformes françaises demande bien plus qu'une simple inscription et quelques informations basiques. Elle exige une réflexion approfondie sur votre image professionnelle, votre proposition de valeur et votre capacité à répondre précisément aux besoins spécifiques du marché français. Nous avons décortiqué ensemble les mécanismes qui rendent un profil vraiment magnétique, capable d'attirer naturellement les opportunités qualifiées plutôt que de devoir les chasser constamment.

La prospection active, souvent redoutée par les nouveaux freelances, peut devenir une activité presque plaisante lorsqu'elle s'appuie sur une méthodologie structurée et des outils appropriés. Les techniques de veille, de qualification des opportunités et de réponse personnalisée que nous avons explorées transforment cette nécessité commerciale en un processus fluide et maîtrisé, réduisant considérablement le stress qui l'accompagne habituellement.

L'excellence opérationnelle représente peut-être la dimension la moins visible mais la plus déterminante de votre réussite durable. La façon dont vous gérez vos projets, communiquez avec vos clients et livrez vos prestations construit progressivement votre réputation professionnelle. Sur le marché français, particulièrement sensible à la qualité relationnelle et à la rigueur méthodologique, cette excellence devient votre signature distinctive, celle qui transforme un client ponctuel en partenaire fidèle et en ambassadeur actif de votre marque personnelle.

Les témoignages et recommandations constituent le carburant social de votre développement. Nous avons vu comment les solliciter stratégiquement, les mettre en valeur efficacement et les transformer en puissant levier de croissance organique. Ce capital réputationnel, particulièrement valorisé dans notre culture professionnelle française, devient progressivement votre atout le plus précieux, générant des opportunités qualifiées sans effort commercial direct de votre part.

La mesure objective de vos performances ouvre la voie à une amélioration continue plutôt qu'à une navigation intuitive et aléatoire. Les indicateurs clés que nous avons identifiés ensemble vous permettent de piloter votre activité avec lucidité, repérant précocement les axes d'optimisation prioritaires et les opportunités émergentes. Cette approche analytique transforme votre pratique freelance d'un simple métier en une véritable entreprise personnelle pilotée stratégiquement.

L'évolution constante du marché français exige une adaptabilité permanente de votre offre et de votre positionnement. Les tendances technologiques, les attentes des clients, les modèles économiques et les pratiques tarifaires évoluent sans cesse. La capacité à percevoir ces changements et à ajuster proactivement votre proposition de valeur distingue les freelances qui prospèrent durablement de ceux qui stagnent ou régressent face aux mutations inévitables du paysage professionnel.

La diversification stratégique de vos sources de revenus constitue une évolution naturelle après quelques années de pratique. L'exploration de services complémentaires, le développement de produits numériques ou la création de flux de revenus passifs transforment progressivement votre modèle d'activité, réduisant votre dépendance au temps facturé et augmentant votre résilience face aux aléas conjoncturels.

Les perspectives d'évolution à long terme méritent une réflexion sereine mais anticipée. Que vous envisagiez de rester un expert indépendant hautement spécialisé, de développer une structure plus importante, ou de transmettre votre expertise par la formation, chaque voie exige une préparation méthodique. Cette vision prospective nourrit vos décisions quotidiennes et oriente subtilement votre développement vers l'horizon professionnel qui vous correspond vraiment.

Le freelancing en France aujourd'hui offre un potentiel extraordinaire pour qui sait naviguer intelligemment dans cet écosystème. Les défis administratifs, parfois décriés, sont largement compensés par une protection sociale solide. La culture professionnelle française, avec son exigence de qualité et sa valorisation de l'expertise, crée un terrain fertile pour les indépendants qui démontrent leur valeur ajoutée distinctive.

Mon propre parcours de freelance, avec ses moments d'exaltation et ses passages à vide, m'a enseigné une vérité fondamentale : le succès dans cette voie n'est jamais le fruit du hasard ou de la chance. Il résulte d'une approche délibérée et méthodique, combinant stratégie claire, exécution rigoureuse et adaptation constante. Les méthodes que nous avons explorées ensemble dans cet ouvrage constituent la quintessence de ces apprentissages, souvent acquis par essais et erreurs.

Vous vous trouvez peut-être au début de votre aventure freelance, contemplant avec une certaine appréhension les défis qui vous attendent. Ou peut-être avez-vous déjà entamé ce parcours et cherchez-vous à consolider vos fondations pour accélérer votre développement. Quelle que soit votre situation actuelle, rappelez-vous que chaque freelance prospère a commencé exactement là où vous êtes maintenant, avec les mêmes questions, les mêmes doutes et les mêmes aspirations.

La beauté du freelancing réside précisément dans cette liberté fondamentale de définir votre propre vision du succès. Pour certains, ce sera une activité générant des revenus confortables tout en préservant un équilibre de vie enviable. Pour d'autres, ce sera la construction progressive d'une structure plus ambitieuse. Pour d'autres encore, ce sera l'opportunité de travailler exclusivement sur des projets alignés avec leurs valeurs profondes. Cette définition personnelle du succès constitue votre boussole intime dans ce voyage entrepreneurial.

L'écosystème freelance français continue de mûrir et de se sophistiquer. Les plateformes évoluent constamment, affinant leurs algorithmes et développant de nouvelles fonctionnalités. La législation s'adapte progressivement à cette nouvelle réalité professionnelle. Les attentes des clients se transforment au gré des innovations technologiques et des mutations économiques. Cette dynamique permanente exige une veille active et une curiosité intellectuelle jamais rassasiée.

L'intelligence collective de la communauté freelance française représente une ressource inestimable. Groupes LinkedIn, forums spécialisés, associations professionnelles ou réseaux informels d'indépendants constituent autant d'espaces d'échange et d'entraide que je vous encourage vivement à explorer. Ces conversations entre pairs nourrissent votre développement et vous connectent à un écosystème plus large que votre pratique individuelle.

Les compétences commerciales et stratégiques que vous développerez en tant que freelance transcendent largement ce cadre professionnel spécifique. Elles constituent un capital intellectuel précieux, applicable dans de nombreux contextes professionnels futurs. Cette capacité à identifier des opportunités, à articuler votre valeur ajoutée et à construire des relations professionnelles durables vous servira quelles que soient les évolutions ultérieures de votre parcours.

La résilience émotionnelle représente peut-être la compétence la moins visible mais la plus déterminante du freelance épanoui. Les fluctuations naturelles de l'activité indépendante, avec ses périodes d'intense activité et ses phases plus calmes, exigent une solidité intérieure qui s'acquiert progressivement. La gestion constructive de l'incertitude devient paradoxalement une source de sérénité profonde que beaucoup de salariés vous envieraient.

Le démarrage en freelance constitue un formidable accélérateur de développement personnel. Il vous confronte directement à vos forces mais aussi à vos zones d'inconfort. Cette mise en lumière, parfois déstabilisante, offre une opportunité unique de croissance consciente et délibérée. Les freelances qui prospèrent embrassent pleinement ce processus transformatif plutôt que de le subir passivement.

Si je devais résumer en une phrase l'essence du freelancing réussi, ce serait celle-ci : créer constamment plus de valeur que ce que vous facturez. Cette philosophie simple mais puissante génère naturellement satisfaction client, recommandations spontanées et opportunités renouvelées. Elle transforme une simple activité professionnelle en aventure entrepreneuriale profondément gratifiante.

Rappelez-vous que votre parcours freelance n'est pas une destination figée mais un cheminement évolutif. Chaque mission, chaque client, chaque défi et chaque réussite enrichissent votre expérience et affinent votre proposition de valeur. Cette progression continue, imperceptible au quotidien mais saisissante lorsqu'on l'observe sur plusieurs années, constitue l'une des satisfactions les plus profondes de cette voie professionnelle.

En refermant ces pages, vous possédez désormais une compréhension approfondie des mécanismes qui gouvernent le freelancing en France et des stratégies éprouvées pour y prospérer durablement. Ces connaissances, combinées à votre expertise métier et à votre motivation intrinsèque, forment une combinaison extraordinairement puissante. Vous disposez de tous les ingrédients nécessaires pour bâtir une activité indépendante épanouissante et prospère sur notre territoire.

Le véritable pouvoir de ce livre réside dans son application concrète. Les principes et méthodes que nous avons explorés ensemble ne prendront vie que lorsque vous les mettrez en pratique dans votre contexte spécifique. Je vous encourage vivement à passer à l'action dès maintenant, en commençant par les éléments les plus pertinents pour votre situation actuelle. Chaque pas, même modeste, vous rapproche de la réalité professionnelle à laquelle vous aspirez.

Et maintenant, cher lecteur, c'est à vous de jouer. Le marché français du freelancing vous attend avec ses défis stimulants et ses opportunités extraordinaires. Vous détenez désormais les clés pour transformer votre expertise en une activité indépendante florissante. Le chemin ne sera pas toujours linéaire, mais il sera incontestablement enrichissant. Je vous souhaite un parcours freelance aussi épanouissant que le mien, rempli de rencontres inspirantes, de projets stimulants et de satisfactions profondes.

Remerciements

Ce livre est né d'innombrables conversations avec des freelances passionnés qui m'ont ouvert leurs parcours sans filtre. Vos histoires de succès, vos erreurs assumées et votre résilience m'ont profondément inspiré. Chaque stratégie partagée dans ces pages porte l'empreinte de vos expériences authentiques sur le marché français.

Ma gratitude s'étend particulièrement à Thomas, Émilie, Nadia et Simon, dont les transformations professionnelles m'ont démontré la puissance d'une approche méthodique du freelancing. Vos questions pertinentes ont façonné la structure même de cet ouvrage.

Je dois également remercier ma famille pour leur patience infinie pendant les longues soirées de rédaction, et mon premier mentor qui m'a poussé à documenter mon parcours quand je doutais de sa valeur.

À vous, lecteur, qui avez investi votre temps précieux dans ces pages : votre courage à embrasser l'aventure freelance mérite admiration. La communauté des indépendants français s'enrichit chaque jour de profils comme le vôtre.

Si ce livre a éclairé votre chemin, n'hésitez pas à partager votre expérience. Votre témoignage pourrait inspirer un autre freelance en devenir.

Alexandre Simon

www.ingramcontent.com/pod-product-compliance
Lightning Source LLC
Chambersburg PA
CBHW052155220526
45471CB00004B/1689